蒲 康裕
Kama Yasuhiro

専門店は
店長しだいで
売上がアップ
する

よく売る店は「店長力」で決まる！

同文館出版

はじめに

２０００年に大規模小売店舗立地法が施行されて大型店の出店が原則自由になったのを受け、郊外に数多くの大型店が出店し、流通業界の流れもいっきに変化しました。その中で専門店の業態も様々に変化して、新しいタイプの店が数多く出現しています。店が新しくできるということは、それに伴い店の責任者である店長も増加しているということです。

筆者は、数多くの専門店に対して店舗活性化や店長教育等のコンサルティングを実践しています。その中で、元気ではつらつと仕事に取り組んでいる店長と一緒に仕事をしていると、とてもやりがいを感じます。しかし、ここ数年、店舗間の競争激化、売上・利益の減少に伴い、多くの店長が日々の業務に追われ疲れきっている姿を見ることが多くなっています。

それらの店長の話を聞くと、店を運営する方法がよくわからない、教育もほとんど受けていない、相談相手もいないという、〝ない・ない〟づくしというケースが多く見られます。しかし、ほとんどの店長は仕事が好きで、自分自身のスキルアップをしたい、お客様に喜んでいただいて売上も上げたい、スタッフにも喜んでほしいと思っているのが本音です。

筆者は、このような意欲のある店長と、売上を上げるにはどうすればよいのか、自分自身のスキルを上げるにはどうすればよいのかを考え、それらの解決の方向性を導き、現場で実践し、結果を出した時の店長の晴れ晴れとした顔を見るのを楽しみにしています。

店の売上を上げるために経営者・幹部は店長に向かって、よく「頑張れ、頑張れ」と言いますが、頑張るという言葉は〝頑固に突っ張る〟と書きますので、言われているほうはプレッシャーばかり感じてしまいます。本来、店の責任者である店長には、〝明るく晴れ晴れした顔〟で元気に店を運営してもらわなければ結果はついてきません。

本書は、「よく売る店づくり」を目指して〝顔晴る（がんばる）〟店長になるために筆者が専門店店長の教育・指導で実践している内容をわかりやすく解説し、店舗現場で実践できる構成にしています。

専門店店長、専門店経営者、専門店幹部、デベロッパー・メーカー、その他専門店にかかわる皆様にぜひともお読みいただきたいと考えています。

２０１１年10月

蒲　康裕

目次

よく売る店は「店長力」で決まる！

4章 店舗現場で使える計数管理

5章

接客・販売力強化のポイント

6章

スタッフの育成こそが売上アップの決め手

7章

よく売る店づくりのための店長力強化の実践

装丁　村上顕一
本文デザイン・DTP　マーリンクレイン

プロローグ

よく売れる店づくりは店長しだいで決まる

1 店舗現場における専門店の現状

店舗の経営は立地環境に合わせて、商圏内消費者の生活の向上を実現していく提案者であり、教育者です。

店舗は単なるモノの売り買いの場ではなく、顧客の反応と実態を的確にとらえながら、各売場の内容を改善し、**顧客の生活に合わせ、生活提案**を実行していくべきものです。

その結果、多くの支持を得て、質、量の拡大と共に顧客の深耕を図っていきます。そのためには、ハード（店舗・商品）はもちろんのこと、ソフト（人財）も随時リニューアルを図りながら推進していくことです。

これらを店舗で実現する要は店長です。

つまり、**活力があり、売上の上がる店は店長の力量しだいで決まる**といっても過言ではないのです。

店長が代わっただけで売上が20～30％増加した店もあれば、逆に20～30％減少した店もあります。

専門店の店長は、売上を上げるために、日々現場で必死になって店を切り盛りしています。しかし、大半の店長が体系だった教育を受ける機会もなく、見よう見真似で多くの不安を抱えて店を運営しているのが実情なのです。

一方、本来店舗をサポートするべき専門店の本部の経営姿勢を見てみると、大半の企業が店舗での人員体制を十分に整えずに限られた人員で店を運営させています。

極端な言い方をすれば、店舗にかかる人件費を経営の調整弁に使っているケースが数多く見られます。

筆者は専門店やショッピングセンターからの依頼で、店舗の売上向上のための店舗コンサルティングや店長研修を数多く行なっております。その中で個店毎の店長との面談を行ないますが、9割方の店舗でスタッフの人員不足の問題を抱えています。

一例をあげると、ある婦人服チェーン店では、昨年対比の売上が大きく落ち込んでいる状況でした。そこで店長に販売力強化の対策をしているかを質問すると、「スタッフの数が足りなくて対策どころではない状態」という答えが返ってきました。もう一歩踏み込んで、きちんと接客をすれば売上は上がりますか、と質問すると、「もちろん、接客をすれば売上は上がります」との答え。そうであれば本部にかけ合ってスタッフを増やしてもらったらどうかと言うと、店長は「売上が下がっているので増員どころか、エリアマネージャーにアルバイトを減らされて、また売上が下がっている」と答えます。まさしく負のスパイラルに陥っている状況です。

このような現象は全国いたる所で日常的に起こっているのではないでしょうか。

ある調査機関が専門店の店長向けに行なったモチベーション調査の結果を見ると、大半の店長が日々の仕事で、**本部からの売上達成のためのプレッシャーによる「孤独感」「無力感」を感じているけれど、「自分自身の仕事に対する意識は高い」**という結果が出ています。

つまり、店長は日々、時間に追われながら一所懸命仕事に取り組んでいるけれど、相談相手もなく、しっかりと指導してくれる上司もいない孤独感の中で店を運営しているのが実態と言えるのです。

2 店長に必要な能力要件6か条

よく売る店は店長しだいで決まる――。

これは何を意味しているかというと、店の運営は店長が要であるということです。

よく売る店は、店長が自信を持って元気で明るくはつらつと働いていて、スタッフも店長に啓発されて明るくのびのびと楽しく仕事をしています。そのような店に来店されるお客様は楽しく買い物ができ、再来店もしてくれ、その結果、売上も伸びてくるというよいサイクルができ上がっています。暗い顔をして働いているスタッフがいる店では、誰も買い物をしたくはないでしょう。

店舗では、よく来店されるお客様を対象に顧客満足（Customer Satisfaction＝カスタマー・サティスファクション＝CS）調査を実施して、その結果を参考にして接客レベルを上げるように日々努力しています。もちろん、これも大事なことですが、その前に、そこで働くスタッフが満足しなければ、楽しい店づくりはできないのです。つまり、顧客満足以上に従業員満足（Employee Satisfaction＝エンプロイー・サティスファクション＝ES）が重要な要因です。

これらを達成するための専門店店長に求められる能力要件は、次のようになります。

①マーケティング能力

市場環境変化（外部・内部）を敏感に受け止め、常に新しいことに挑戦する意欲がある。

↓スピードと柔軟性があり、的確な状況判断ができる。

②マネジメント能力

マネジメントの基本知識・技術を理解し、実践できる。

↓経営資源（ヒト、モノ、カネ、時間、情報など）についての見方、考え方や活用方法をしっかり理解し、店舗で実践できる。

③計数管理能力

店舗での経営数値を読み取り、意思決定につなぐことができる。

→数値の意味やその背景を把握し、改善・改革に結びつける柔軟性を持ち、スタッフと共有している。

④リーダーシップ能力

売上・利益目標の達成に向けてメンバーを導いていく。

→店舗の運営目標を定め、その目標に向かって必ず達成するという強い意志を持ち、スタッフと共有している。

⑤コミュニケーション能力

店舗運営をするために様々な関係者と円滑な人間関係を築くことができる。

→顧客・店舗スタッフ・店舗本部・デベロッパー等の関係機関と良好な人間関係を形成できる。

⑥問題解決能力

店舗で発生する問題の発見・構造化・解決能力などが優れている。

→事実関係の認識を含めて、分析力、説得力、実行力などに優れている。

フレームワークで考えよう

店長に必要な能力要件6か条

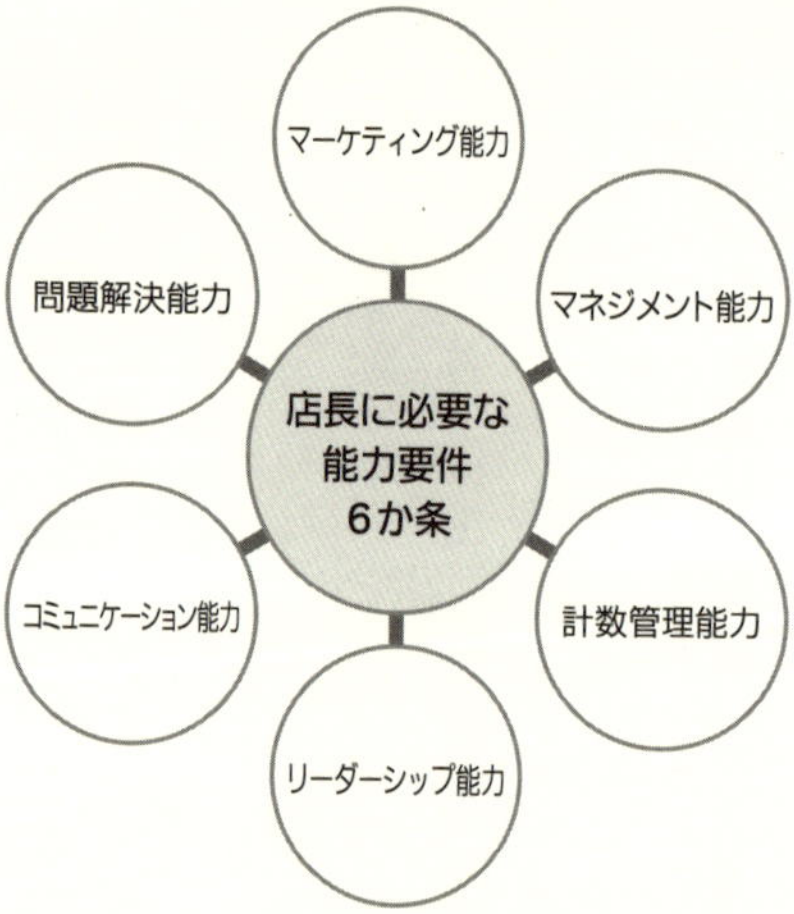

本書は、店長に必要な能力要件6か条をベースに筆者が専門店店長の教育・指導で実践している内容をわかりやすく解説し、店舗現場で実践できる構成にしています。

専門店店長、専門店経営者、専門店幹部、専門店にかかわるデベロッパー・メーカー、その他専門店にかかわる皆様のための書籍です。

1
章

自店の商圏をしっかりとらえよう

時代の変化が激しい現代において、
専門店店長が店を運営するにあたっては、
マーケティング思考がなければ
売上予算を達成することは不可能です。
1章では、店を運営するにあたって、
店長が自店を取り巻く環境つまり商圏を
どのようにとらえて、
店の方向性を定め、他店と差別化していくか
について解説します。

1 マーケティングの考え方をしっかり持とう

優秀な店長、デキル店長とは一体どのような店長を指すのでしょうか？

売上予算を達成して、しっかり利益を確保できる店長でしょうか？

もちろん、最終的には売上・利益目標を達成することであることは言うまでもありませんが、これらは営業活動の結果です。店長が何も考えずにルーチンワークで仕事をしていても、たまたま店の立地がよかったり、たまたまその地域に競合店がなかったりして、売上目標を達成してしまうラッキーな場合もあります。

しかし、優秀な店長、デキル店長というのは、そのたまたまではなく、自分なりに売上・利益を生み出す仕組みをつくることができて、それを実践・実行できる店長のことです。

この**「仕組みづくり」ができるか、できないかが、優秀な店長かダメ店長かの違い**と言っても言い過ぎではありません。

では、「仕組みづくり」とはどのようにすればよいのでしょうか？

筆者が実践している考え方に「**フレームワーク**」があります。

フレームワークとは、**枠組み・骨組み**のことを言います。

店長が店を運営するにあたって、店舗施設、商品政策、人材などの問題点を探す時に、それぞれの分類・分野毎にまとめる（枠組みをつくる）ことによって整理することが容易になり、また、他の分野との関係もわかりやすくなります。

つまり、フレームワークを使うことによって、店の全体像をとらえることができ、それぞれの分野で問題点などの見落としを防ぎ、効率よく店を運営できるようになるのです。

フレームワークで物事を考えていけば、自分自身の頭の中が整理され、難しいことも明快になり、手際よく仕事を進められるようになることは間違いありません。

本書では、「フレームワークで考えよう」をキーワードに図表を掲載していきます。

店長に第一に認識してもらわなければならない能力要件に**マーケティング**があります。

マーケティングとは、決して難しいものではなく、一言で言うと〝**売れる仕組みづくり**〟です。仕組みづくりですから、つまりフレームワークなのです。

マーケティングの基本はお客様（顧客）を知ることです。来店されるお客様（顧客）が店に何を求めているか、何を期待しているかという**ニーズ・ウォンツ**を知らなければ、どんなに魅力的な商品を揃えても、どんなに素晴しい接客をしてもお客様は満足してくれないし、見向きもしてくれないでしょう。

ここで、お客様が求めている本当のニーズ・ウォンツとは何か考えてみましょう。わかりやすい例として、ある人が家を新築する際の、お客様ニーズを考えてみましょう。まず、お客様（建築主）が家を建てるということの目的（最初のニーズ）は、建てた後の家族揃っての快適な生活をすることです。家を建てること（建設すること）が目的ではありません。

そして、この家族（夫・妻・子供2人の4人家族と仮定）のそれぞれにニーズがあります。奥様は広くて動きやすいシステムキッチンのある台所や、家族がゆったり団欒できる広いリビングルームを要望し、子供たちは独立した部屋を要望します。ご主人は広々としたお風呂と、こじんまりした書斎を要望しています。これらの要望に際して、建設する側の建設会社は設計段階からしっかりと対応する必要があるのは明白です。

しかし、この建設会社がお客様のことは無視して、とにかく早く家を建てる（売る）だけの姿勢（目的）の場合は、この家族のそれぞれの要望を聞くのは面倒くさく、自社で持っているパッケージ型の企画住宅をすすめて、強引に売り込んだほうが早いと判断する場面があったとします。この場合、お客様の立場になれば、この建設会社は自分たちの要望を聞き入れてくれないと判断して、別の会社に依頼することになるでしょう。

このように、お客様の本当のニーズ・ウォンツを知ること、これがマーケティング活動の原点で、どの業種・業態においても言えることです。

次に、店長として常に意識しなければならないことは、世の中の流れ（トレンド）をつかむことです。

世界中のあらゆる情報がすぐに入手できる時代になり、ファッション業界などのトレンドはものすごいスピードで進んでいます。また、様々な業種・業態の企業が海外から進出してきて、競争も激しくなるばかりです。このような状況下で、店長に求められることは、情報（トレンド）を素早くキャッチしてお客様の1歩先、2歩先を行くことです。

プロダクト・アウト（供給＝つくる側・売る側の論理）からマーケット・イン（需要＝使う側の論理）に移行すべきだという考え方がありますが、これからの店長はお客様に情報を発信する**マーケット・アウト（市場を創りだす＝顧客創造）**の考えを持たなければなりません。

そのために店長は自分自身のアンテナを張りめぐらして、日々、情報を収集することを心がけていきましょう。

フレームワークで考えよう

マーケティングの仕組み

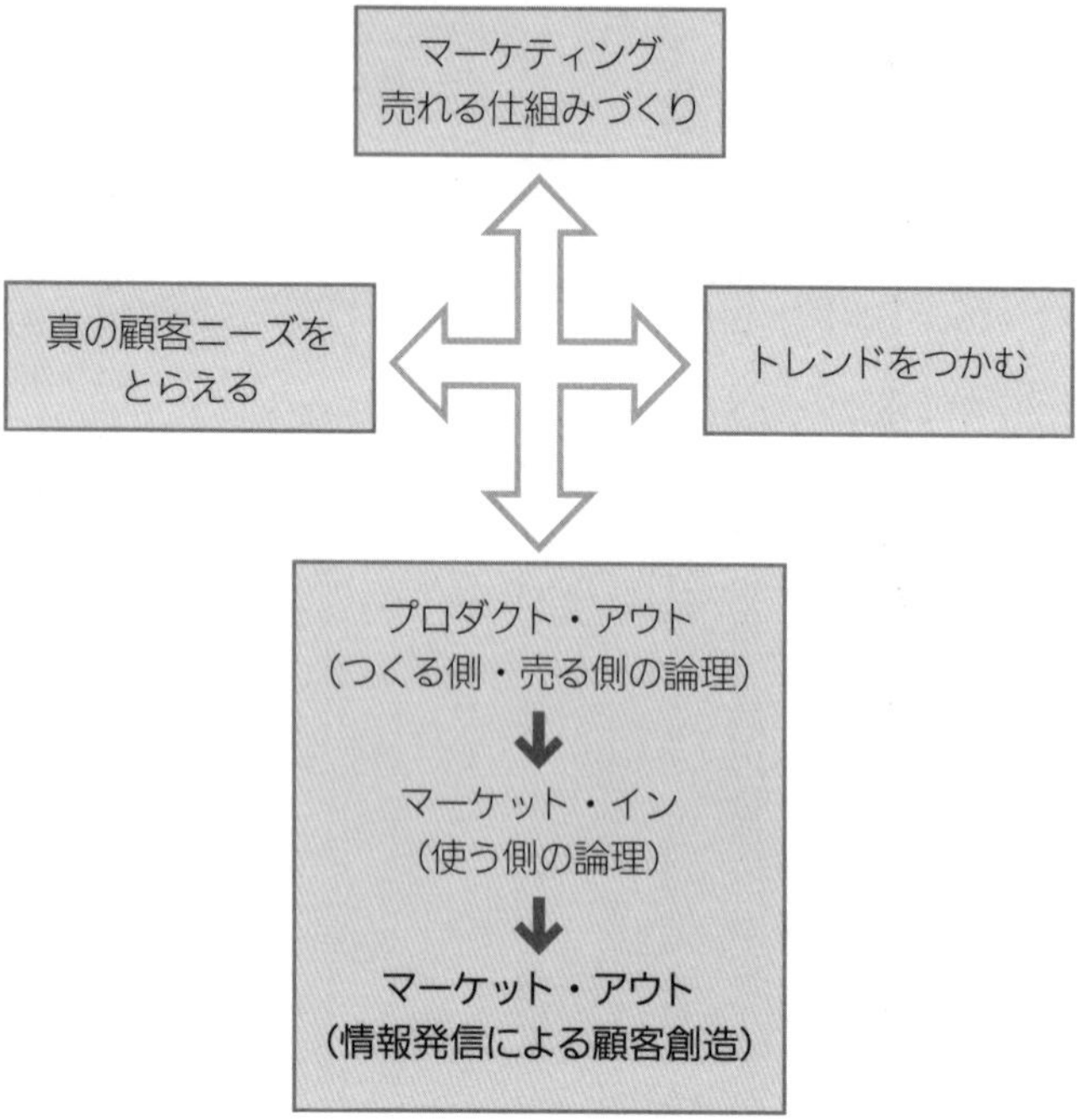

➡ お客様の１歩先・２歩先をしっかりとらえて、売れる仕組みをつくろう

2 自店の市場環境・商圏をしっかり理解しよう

「商圏」とは、自店が影響を及ぼす地理的範囲のことです。つまり、お客様が来店してくれる地域のことを言います。「商勢圏」とも言われます。

商圏を知るとは、**自店の地域の状況や顧客・競合店等の環境を知る**ということです。

店長が自店を運営するにあたって、地域の事情を知らなければ、どのような店舗デザインや売場演出が好まれるのか、どのようなトレンドの商品が好まれるのか、どのようなサービスを提供すればよいのか、どのような販売促進策をすればよいかという、店舗の方向を定めることはできません。すなわち、地域の事情を知ることによって、その地域のお客様に喜んでもらえる店舗運営ができるようになり、結果、売上増に結びつくわけです。

地域の事情、外部の環境を知るには次のような点をしっかりとらえていきましょう。

まず1つ目として、**地域の政治経済、景気動向を知る**ことです。これは決して難しいことではなく、その地域の景気がよいか悪いか、また、大規模な住宅開発があるか、産業構造

（農業、製造業、小売業、飲食業、サービス業など）がどのように変化しているかを知ることです。最近は、地域間格差が大きく、これらの要因が売上に大きく影響を及ぼしています。

ある自動車産業の企業城下町では、一部の工場が海外に移転することにより自動車の生産台数の大幅な削減方針が打ち出され、これに伴う人員削減や従業員の勤務時間が大幅に減少して賃金が下がり、その結果、その地域のあらゆる業種の店の売上が大きく落ち込んでしまいました。このような環境の中で、店は何もしなければ、ただ売上が落ちていくだけですから、すぐにでも店長は何らかの対策を考えることが必要になります。

2つ目は、**地域の人口動向および居住者像を知る**ことです。

商圏内の人口・世帯数、世帯人員の動向をしっかり把握することが必要です。例えば、商圏5分圏内、10分圏内、15分圏内、30分圏内の人口、世帯数をとらえます。さらに0～4歳、5～9歳、10～14歳、15～19歳、……、60～64歳、65歳以上等の5歳別の男女居住人口、世帯数、世帯人員などもとらえておくことが重要です。

また、これら地域に住んでいる人の職業や所得、どのような住居に住んでいるかなどの特性もしっかりとらえておきましょう。

3つ目は、**地域のお客様の購買動向を知る**ことです。

商圏内のお客様が自店に来られる際、徒歩か自転車か自動車かなど交通手段は何か、商品別の利用店舗はどこか、平日・土日の時間帯によって利用する店舗はどこか、買い物をする際の同伴者の人数やどのような形態（夫婦、子供連れ、祖父母同伴）かをしっかりと把握することが重要です。

4つ目は、**競合店の動向を知る**ことです。

自店と競合関係にある店舗の店舗面積、売上（客単価）、特徴（ターゲット年齢、店舗グレード、商品力、販売力、サービス力等）をしっかりとらえましょう。

よい商品を、よいサービスで提供すればお客様は利用してくれるものだと思っている店長は多くいます。もちろん、この考えそのものは間違ってはいませんが、まわりには自店とよく似た店が存在し、どの店でも一定レベルの商品とサービスを提供しています。このように多数の店の中から、自店を利用してもらわなければ売上を上げることはできないのです。

それでは選ばれる店になるためにはどのようにすればよいのでしょうか。

店長として考えなくてはならないことは、他店より優れた店舗演出・品揃え・ホスピタリティ豊かなサービスを提供することで、他店との差別化を図ることが必要です。

フレームワークで考えよう

競合店調査のためのチェック項目

店舗関連項目

評価項目	要因	チェックポイント
1 店舗設計	●店内レイアウト ●ゾーニング ●通路	□ 買い物しやすい、わかりやすい売場になっているか
2 ファサード（店の正面）	●魅力度 ●トレンド	□ 店の魅力は伝わっているか □ トレンドの目新しさはあるか
3 店舗内雰囲気	●照明 ●BGM ●色彩	□ 快適な環境か □ 斬新さはあるか
4 販促	●イベント催事 ●装飾	□ イベント性のある催事が行なわれているか □ 統一感ある装飾が施されているか
5 接客レベル	●従業員の接客体制（配置、応対） ●レジ対応	□ レジまわりに接客人員がいるか、応対はどうか □ レジでの応対はできているか
6 顧客サービス	●アメニティスペース	□ 設備としての各サービスはよいか □ ポイントサービス、顧客管理レベルはどうか

商品関連項目

7 品揃え	●商品バリエーション ●シーズン商品、新商品の打ち出し	□ 商品を選ぶバリエーションは豊富か（NB、PB構成） □ 目を引く季節品、話題品の打ち出しができているか
8 価格	●価格水準 ●価格ラインのボリューム	□ 価格そのものに訴求力があるか □ 価格ラインの設定は適切か
9 品質	●機能 ●素材	□ 機能性はどうか □ 素材のグレードをアピールできているか
10 陳列・演出	●商品陳列方法 ●VMD、POP	□ ボリューム感、清潔感ある陳列ができているか □ VMD、POP等の訴求力は

差別化を図る上で最初に取り組むべきことは、自店と競合する店をしっかり選んで、その競合店の概要を知らなければなりません。端的に言えば敵を知ることです。競合店調査のためのチェック項目は右表を参照してください。

また、ショッピングセンター等の商業施設に入店している店であれば、その施設全体の情報も把握しておく必要があります。

3 自店のターゲットをしっかりとらえよう

店長にとって自店を利用されるお客様が、どのようなお客様なのかがわからなければ的確な店の運営はできません。

つまり、自店を利用していただきたいお客様、あるいは利用させたいお客様を明確に設定することが必要です。店舗にとっては、**対象となるターゲットを明確に設定することからすべてが始まる**と言っても過言ではありません。ターゲットに合わせて、店舗イメージ、品揃え・価格帯、接客パターン、販売促進などが決まるからです。

ターゲット設定の仕方は、外部環境分析でとらえた人口動向・居住者像・購買動向等の人口統計的要因に、生活環境・ライフサイクル・ライフスタイル・店舗を選ぶ基準・どんな商品を使っているかなどのお客様の行動・心理的要因を加えて、**ライフステージ**を描いて設定すると具体的なターゲット層を描くことができます。

ライフステージとは人間の一生を段階的に区分したライフサイクル（出生から幼児期、学童期、青年期、老年期等）をベースにして、それぞれの年代の生活パターンに焦点をあてて整理したものです。

流通業向けにライフサイクルの年代と家族構成にフォーカスして整理すると、まずは、中高生から大学生の**学生時代**で、この層の生活パターンは、お小遣いは限られるけれどファッション意欲は旺盛で、時間は自由になるので、気ままな生活を送っていると言えます。

２つ目のステージは、**社会人〜独身時代**で、比較的お金も時間もあり、気ままに使う傾向があり、余暇・趣味への支出は高く、ファッションに関する関心は高いが食生活は堅実です。

３つ目のステージは、**新婚時代**であり、共働き夫婦が多く、夫婦での外食・余暇に関する支出もあり、生活はそれなりに豊かですが、堅実さもあわせ持っています。

４つ目のステージは、**子供が乳幼児期の時代**で、生活は子供中心となり、外出機会は少なく家の近所での行動が増え、夫の収入が大半を占める傾向になり生活は堅実になります。

５つ目のステージは、**子供が小学〜中学生時代**で、教育費その他経費がかさみ、生活費が増大して主婦も働き始めます。ファッションも実用向けの消費傾向が強くなります。

６つ目のステージは、**子供が高校生時代**で、教育費その他経費はかさみ、生活費が増大して、働きに出る主婦ももっと増えます。核家族化の傾向が強くなり、一人ひとりの生活リズムが変わってくる頃です。

７つ目のステージは、**子供が大学生〜社会人時代**になり、子育てから解放されて主婦の行動範囲も拡大し、余暇時間の増加と共に消費支出も増えます。家族一人ひとりがバラバラに生活し始めます。食生活も量から質への傾向が強くなり、グルメ思考が強くなります。

８つ目のステージは、**子供が結婚独立時代**で夫婦だけの生活となり、支出は少なく、貯蓄額は増大して、時間もお金もあり、リッチ傾向となります。食生活は完全に量から質へ転換して本物志向となるものの、基本は堅実で質素であると言えます。

９つ目のステージは、**独居老人時代**で、夫婦の連れ合いが死去しひとり暮らしとなります。貯蓄はあっても、食生活をはじめ、全体的に質素な生活になります。

フレームワークで考えよう

ライフステージ

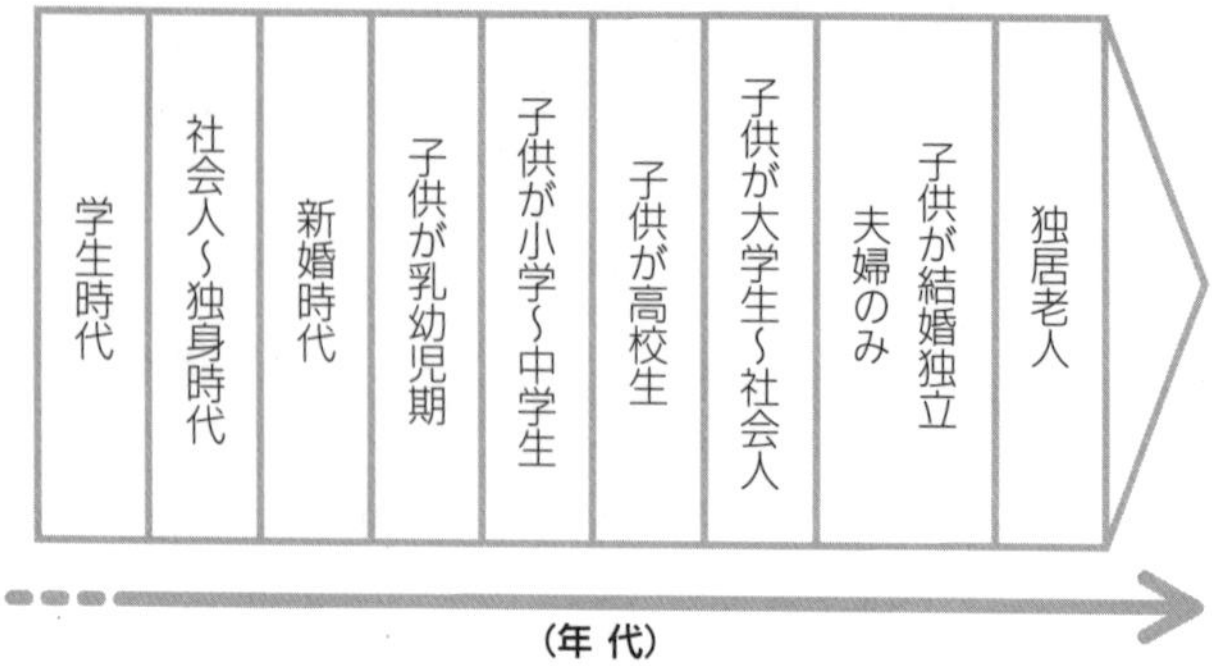

➡ 自店のターゲットが何を考えて、どのような購買行動をするかをしっかり把握しよう

これらの特徴をとらえて、店づくり、マーチャンダイジング（商品政策）に取り組まなければなりません。

なぜライフステージでくるかと言うと、現在のお客様の価値観は多様化しており、単純に年齢でくることができなくなってきているからです。

例えば、ある店では、ターゲットが40〜50歳代がメインでした。そこで、新店をオープンする際に、「当店のターゲットは40〜50歳代でそれに合わせて店のコンセプトを設定して、マーチャンダイジングもきめ細かく構成している」ことを大々的にPRして、広告宣伝もテレビ・雑誌・ウェブ等を通じて流しました。しかし、オープンしてみると、今までの40～50歳代の顧客にはほとんど見向きもされず、買上にもつながりませんでした。

なぜなのか調べてみると、ほとんどのお客様は自分の歳よりも若い感覚でおり、40～50歳代に向けてストレートにアピールしても、40～50歳代の既存客からも敬遠されてしまったのです。その結果、半年後にはコンセプトおよびターゲット年齢の表現を刷新して、リニューアルオープンすることになりました。もちろん、余計な再投資コストがかかっています。

4　自店の店舗コンセプトのあり方をしっかりとらえる

店長として店を運営していく上で一番重要な点は、**自店の店舗コンセプトを十分理解する**ことです（もちろん、スタッフ全員が理解するのも大切です）。

店の運営は店舗コンセプトですべてが決まるといっても言い過ぎではありません。

店づくり（外観・内装）も、商品（マーチャンダイジング）も、プロモーションも、スタッフのユニフォームも、接客方法も、設定された店舗コンセプトに基づいて決まります。

コンセプトとは、直訳すると「**考え方・概念・観念**」のことです。なにやら難しそうですが、店舗側とお客様がお互いに理解できる単純で明快なものでなくてはなりません。

筆者は、それを「**設計思想**」と定義付けています。つまり、コンセプトを設定して、それを設計図面に落とし、建設・内装工事を行ない、店舗ができ上がり、コンセプトに従って店を運営していくのです。

店舗コンセプトの基本は、「**誰に、何を、どのように売るのか**」で決まります。

- ■誰に→**売りたいターゲット**を明確化すること
- ■何を→**ターゲット（顧客）ニーズに沿った商品**の選定（マーチャンダイジング）
- ■どのように→その**企業の持っている能力（販売・独自能力）による売り方**

この3点を基本要件として、トータルに表現したものを店舗コンセプトと言います。

ここで、筆者がかかわったひとつの事例を紹介します。

地方中核都市の県庁所在地に本社のある婦人ファッションを扱う企業の事例です。全部で7店舗を展開し、「中高生向けのカジュアル業態」、「20歳代向けのセクシー系」、「30歳以上のミセス業態」の3つの業態を持っていました。

この企業が、はじめて大型のショッピングセンター内に出店する際、どの業態の店舗を出店するか迷った結果、一番売上効率のよい「30歳以上のミセス業態」で出店をしました。しかし、1年が経過しても、思うように売上が上がらず、退店するかどうするかという状態まできていました。

この段階で筆者が相談を受けたのですが、この大型のショッピングセンターは比較的若い層に支持されており、他のテナントで若い層をターゲットにしてコンセプト設定している店の売上は絶好調でした。そこで、店のコンセプトを「20歳代向けのセクシー系」に改めて、改装費用を１０００万円ほどかけてリニューアルしました。その後は、ターゲットとコンセプトがかみ合い、順調に営業しています。

ここで、店をオープンする際の店舗コンセプトの設定方法について解説します。

コンセプトを設定する行為をコンセプト・メーキングと言いますが、**「NSコンセプト＝N＋Sでコンセプトを設定する」**という考えで設定しましょう。**Nはニーズ（Needs）で、顧客ニーズを的確に把握すること**です。**Sはシーズ（Seeds＝種子）で、企業が提供できるノウハウ・経営資源・ハードのこと**です。

つまり、このNとSが調和されてはじめてコンセプトが成り立つもので、企業側の一方的

フレームワークで考えよう

コンセプト・メーキングの設定フロー

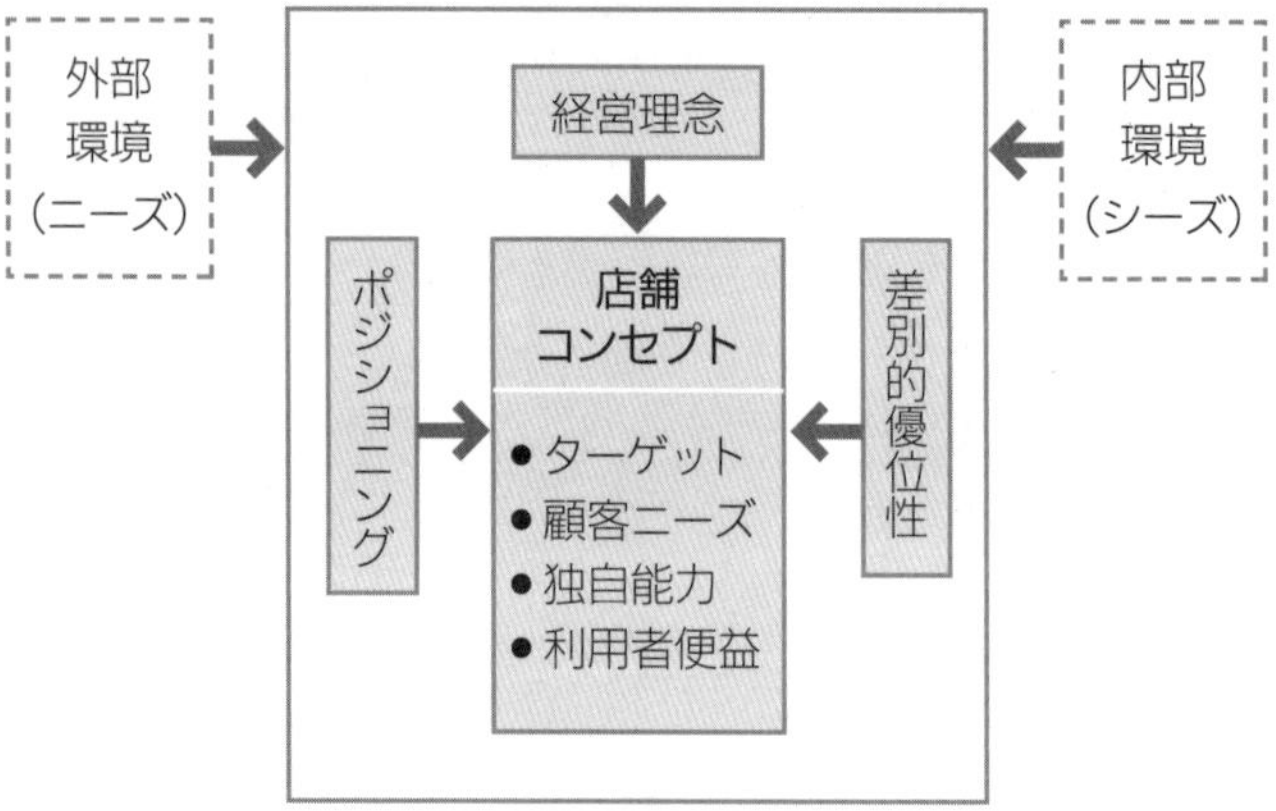

➡ **よく売る店づくりの実現は、自分の店のコンセプトを理解することから始まる**

な論理で店の方針を押し付けても成り立ちません。

　すなわち、顧客ニーズがあるからといってこの面だけで店のコンセプトを設定しても、店舗側に提供できるノウハウ（シーズ）がなければ店を運営することはできないというわけです。つまり、店舗という箱物（ハード）はできても、店の運営ノウハウがないから中途半端な店舗になり、その結果、お客様の支持は得ることができずに早い時期に撤退することになるのです。

2章

店舗運営の仕組みをしっかり理解する

店舗を運営するには、
店舗運営の仕組みを理解しなければなりません。
仕組みを理解することによって店舗の全体像が
見渡せ、スムーズに店を動かすことができ、
かつ、部下育成にもつながります。
2章では、店舗運営のために店長が
理解しなければならない売場づくりのための
店舗の構成、マーチャンダイジング（商品政策）、
店舗演出、販売促進の原理原則について解説します。

1 店舗運営の仕組みを知ろう

店舗運営の仕組みを知るには、まず1つ目として**自店の商圏を知ること**です。これは、1章でお伝えしたように店の運営責任者である店長が、自店のお客様の特性や競合店の状況を知らなければ、店の方針も打ち出せないし、お客様が満足する商品政策も組むことができないからです。

筆者は、よくショッピングセンターなどの商業施設からの依頼で専門店の店長研修を行なっていますが、その際、研修の冒頭に参加者の方々に次のような質問をします。「このショッピングセンターでは毎年**消費者アンケート調査**を行なっていますが、この中で、その調査結果を見たことがある方は手を上げてください」。すると、手を上げるのは何と10％に満たないことが多いのです。これでは、情報も考えもなしに店を運営しているのと等しいです。

ショッピングセンターや駅ビル、商店街では、商圏調査やお買い物アンケートを実施しているので、所属しているならば、調査結果を入手して、自店の運営に生かすべきです。

2つ目に、**関係する機関（例えば、自社本部、ショッピングセンターの管理事務所、商店街の組合、近隣の専門店等）と調和を取る**必要があります。

例えば、ショッピングセンターや商店街に属している店であれば、その商業施設の存在意義やコンセプトを十分理解することにより、自店の存在をどのようにアピールすればよいかがわかります。また、関係機関と良好な関係を保ちながら、自店に必要な情報をもらったり、近隣の店とも関係を保ちながら、相互に協力して売上を上げることも考えましょう。これらは店長のコミュニケーション能力を発揮する場面です。

3つ目に、**店長自身が元気であること**。店長に元気がなければスタッフも元気がなくなり、店そのものが暗くなり、結果、売上も上がりません。お客様も、暗い顔をしたスタッフのいる暗い店には足を運びません。お客様が求めているのは、もちろん商品ですが、プラス要因として楽しさ・元気さを専門店に求めているのです。今や、商品だけであれば、インターネット通販で気軽に買い求められる世の中なのです。

4つ目に、**店の運営は店長が要であることを認識すること**です。店長しだいで売上の20～30％増は可能です。ある婦人服小売のナショナルチェーンでは、同じようなロケーション（立地環境）で同規模の面積の店の売上が30％違っていたのでなぜかを調べたところ、店長の運営の仕方に差があったという結果が出ました。売上を上げている店の店長は、顧客管理をしっかりすることを目標として店の運営を計画的に行なっていました。一方、成績の悪い店の店長は、ただ日常に流されてルーチンで店を運営していました。これが、30％の差になったのです。

このように店長の考え方・運営の方法しだいで店の売上は増減するのです。

ここで、基本的なこととして、**専門店店長の役割とは何か**を考えましょう。

店長は、まず会社（企業）の方針を理解して、これをベースに店の施設を管理し、商品政策を考え、仕入れを行ないます。そして、適正な人員体制を組み、スタッフのモチベーションを上げながら接客販売を行ない、販売予算を達成し、利益を生み出すことです。また、あわせて、集客のために様々な情報を収集し、販売促進や広告宣伝などを行ないます。

この店長の役割を実現することの機能全般を指しているのが「店舗運営」です。優秀な店長は店舗運営の中のそれぞれの機能をフレームワークで整理して、それぞれのフレーム毎に的確な方向性を打ち出して、それを実行しているのです。

店舗運営のぞれぞれの機能を整理すると次の6つになります。

その前に、自社の経営理念、経営目標・経営方針を理解して、これらを受けて自店の外部環境を認識し、自店の業態のあり方、店舗コンセプトをしっかりととらえます。そしてそれぞれの機能を管理運営していくことになります。

まず1つ目は**店舗施設管理**です。お客様の来店を訴求する外観を考え、お客様を買う気にさせるゾーニング・レイアウト・動線・陳列・演出を計画し実行します。

2つ目は**マーチャンダイジング（商品政策）**で、ターゲットに合わせた商品構成（品揃え）を計画し、仕入れを行ない、適正な在庫を確保して売上・利益をつくっていきます。

3つ目は**販売促進**です。集客のための広告宣伝・イベント・インストアプロモーションを計画し、来店されたお客様には的確な接客サービスを展開して固定客化の推進を図ります。

4つ目は**労務管理**ですが、最近の傾向としてこの分野に苦労している店長が多く見受けられます。基本は優秀な人材の確保で、次に適材適所のシフトコントロールです。また、スタッフのモラール（意欲・やる気）を高めるための動機付けや、メンタルヘルス（心の健康づくり）も店長の重要な業務です。

5つ目は**計数管理**で、店舗現場ではこの分野が苦手な店長が多いようですが、最も重要な

フレームワークで考えよう

店舗運営の仕組み

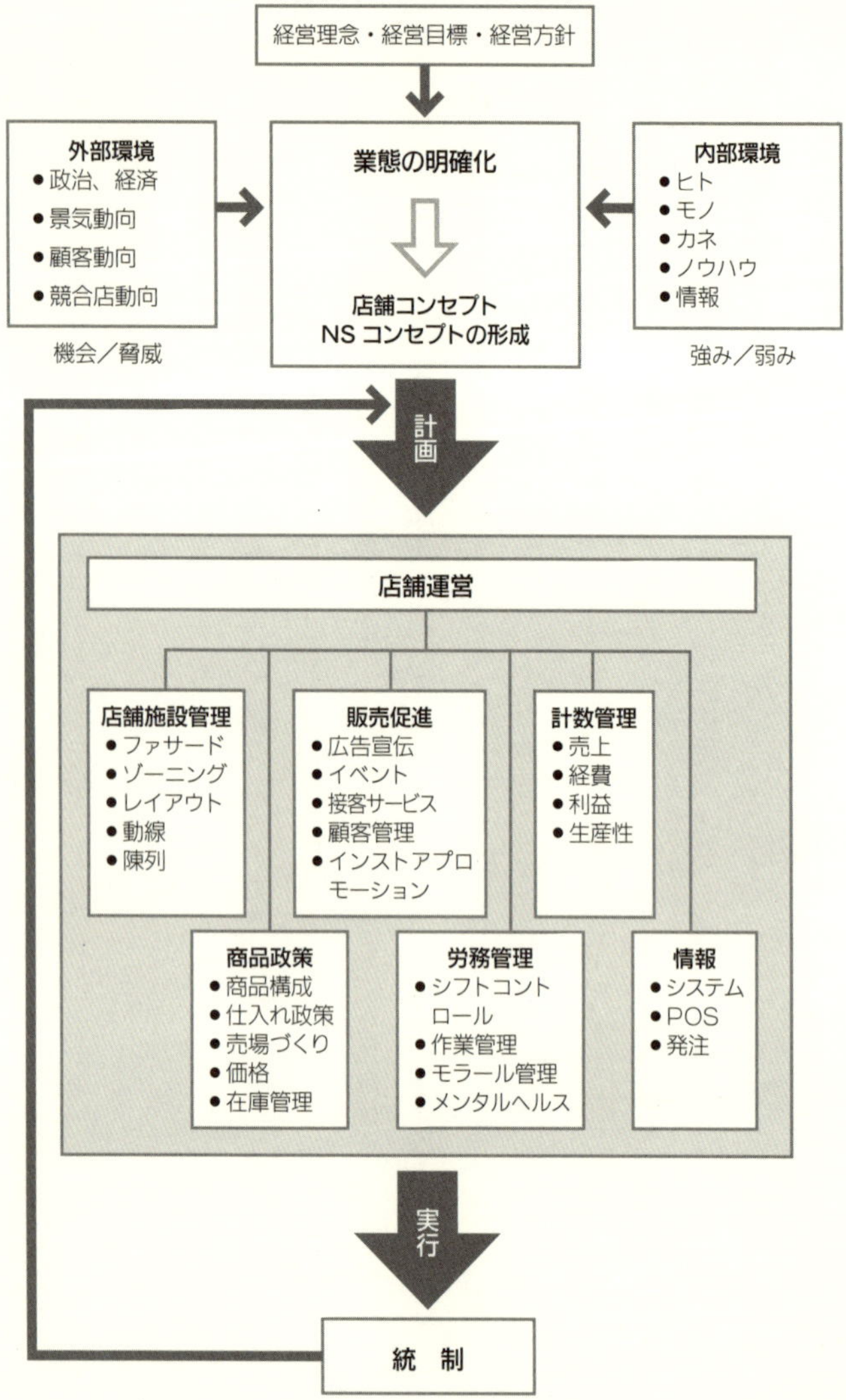

管理業務なので、絶対条件として修得しなければなりません。

最後に6つ目として、**情報システム**ですが、日常の業務に必要な様々な情報を社内のシステムを通じて収集するとともに、ＰＯＳ情報を通じてマーチャンダイジング等を展開していくことが求められています。

以上の項目について店長は理解し、店の運営を行なっていかなければなりません。

2 店舗の構成を理解しよう

ここで、読者の皆さんにちょっと考えてもらいたいと思います。

次の①~⑥の質問項目は、筆者の経営する株式会社ケイ・エス・コンサルティングが行なっている「お客様が店に入店する際の店舗・売場演出について」のチェック項目です。

あなたの店はどれだけできているかを確認してください。

①入りやすいエントランスであるか

②外から見て特徴や目を引くものがあり、お客様の入店を誘っているか
③店内のデザインや調度は洗練され、お客様に好印象を与えているか
④店内は歩きやすいレイアウトで快適であるか
⑤商品やサービスの特徴はわかりやすい売場演出になっているか
⑥店内は整理整頓が行き届いて清潔であるか

お客様はこのような点を意識して、それぞれの店を利用しています。

お客様が求める魅力的な店とは、店舗の外観に訴求力があって、売場に楽しさ・話題性があって、買いやすく、常に変化があり、信頼のある商品を提供してくれる店です。つまり、**お客様は魅力的な店舗演出・売場の店を選んで入店している**のです。

ここで述べる店舗の構成とは、この魅力的な店舗演出・売場をつくるための店舗の店頭、売場レイアウト、動線・通路、商品レイアウトそれぞれの機能を指します。

店長は自店の魅力的な店舗演出・売場づくりのため、スタッフに指示・指導するために、それぞれの機能の原理・原則を知らなければなりません。

原理・原則を知った上で、それぞれの業種・業態に応じて、変化に富んだ売場づくりを実

現することを心がけていきましょう。

では、**店頭の機能**について解説していきましょう。

店頭とは店舗コンセプトを表現する**コミュニケーションメディア**としての役割があります。外観（ファサード）、看板、入り口、ショーウィンドウ、店頭スペースなどを指します。

その機能として、まずは、お客様の視線をとらえるための**アイキャッチ機能**があり、お客様へ店舗の存在感をアピールする視覚的な要素を持たせることが必要です。また、看板やサインだけでなく、デザイン性を重視することが重要です。

次に、業種・業態を表現するための**イメージアップ機能**があり、商品構成・グレード・営業方法などが決まってきます。例えばファッション感覚の高い店はデザイン性を重視したイメージを訴求し、ファミリー向けの店は親しみやすさを訴求します。

最後に、お客様の**誘導機能**であり、お客様が物理的、心理的に入店しやすいように促すものです。

2つ目に、**売場レイアウト**の機能について理解しましょう。

売場のレイアウトを考える場合、お客様に店内を回遊してもらうことが重要であり、そのためには**ワンウェイ・コントロール**をいかにうまくするかということです。

　ワンウェイ・コントロールの仕掛けでは、お客様が満足して「また、この店で買物しよう」と思ってもらうように計画的に考えましょう。

　レイアウトを機能的に行なうためには、入り口と出口の関係、主通路と副通路の関係、ショッピングセンター等に入店している場合はテナント同士をつなぐ館内共通通路（モール）の位置を考慮して計画することが重要です。

　売場レイアウトの基本的な配列には次の2つのタイプがあります。

①格子配列…最寄品（食品・生活雑貨等）を販売する店に多く、レイアウトの無駄がなく、商品陳列も多く並べることが可能で、効率性が高く、機能性重視のレイアウトです。それでいて、ローコスト化が可能です。

②自由配列…買回品（ファッション衣料等）を販売する店に多く、変化に富んだ空間構成が可能で、比較選択購買に適した感性重視のレイアウトです。

　3つ目に、**動線計画・店内通路**について理解しましょう。

動線とは、お客様やスタッフ、商品が通る経路のことで、取扱い商品によって店内の動線パターンは違ってきます。食品・生活雑貨等の最寄品の場合は、店内の動線が単純になり、直線的な通路構成をします。ファッション商品等の買回品の場合は、斜めに歩いたり、曲がったり、凹凸のつけられた壁面に沿って曲がりながら奥へ誘導させます。

例えば、同じ衣料品でも実用衣料の場合は直線の通路が多くなり、高級ブティックの場合は複雑な通路を構成するようになります。

動線の種類は、大きく**客動線・従業員動線・商品動線**の3つに分類でき、客動線はお客様に訴求し、店内へ誘導させ、販売するという一連の動線で、従業員動線はお客様への応対や商品の品出し整理、包装などの従業員の動く動線で、商品動線は商品の搬入から販売までの商品の流れを指すものです。動線計画の基本は、客動線は長く、従業員動線は短くです。

続いて、店内通路についてですが、食品・生活雑貨等の最寄品は、来店客数が多くなるために通路幅が広くなり、ファッション商品等買回品は客数が少ない分、通路幅は少し狭くしてもいいでしょう。人間の平均的な肩幅は60㎝、体の厚みを45㎝とすると、これを基準に通路幅は考えます。通路には、基本的な動線となる主通路と動線の回遊性を高めるための副通路がありますが、個店レベルでも主通路は人がすれ違うことのできる幅は必要です。

4つ目に、**商品レイアウト**についてです。

商品レイアウトを決めるには、共通点のある商品をいくつかの**グループ別にまとめ**、さらにグループ間の関連性を考慮してレイアウト設計する必要があります。

まずは、大きく3～5分類以内に分けましょう。

例えば、このようにです。

①薬局・化粧品店の場合は、「薬」「化粧品」「雑貨」のグループに分ける。

②婦人ファッション店の場合は、「重衣料」「単品」「小物（コーディネート商品）」に分ける。

さらに重衣料を細分化するとスーツ・ワンピース・コートとなり、単品を細分化するとブラウス・セーター・シャツとなり、小物（コーディネート商品）を細分化するとストッキング・小物・アクセサリーとなります。

そして、グループ化の次に行なうことは**グループ毎に細分化してレイアウト**することですが、その順序は次の通りです。

①大きなグループはタテ割に配置する

②次に商品の特性、価格帯に応じてヨコ割に配置する

一般の専門店の店舗レイアウト構成は店頭～店央～店奥で構成されます。それぞれの売上

高の構成は、店頭（25％）～店央（50％）～店奥（25％）が基準です。

それぞれの商品特性は、店頭が価格の低いリード商品（訴求力のある商品）で、店央は中価格帯の一般・主力商品を配置し回遊性、選択性を訴求し、店奥は価格の高い高級品・目的買商品を配置します。

3 マーチャンダイジングについて理解しよう

来店されるお客様がその店に期待するのは、価格や付帯サービスも大事ですが、基本的には商品そのもので、商品構成（品揃え）です。これが劣悪で貧弱、つまり〝安かろう、悪かろう〟であれば、とてもお客様を満足させることは難しくなります。

店舗で店長が行なうマーチャンダイジングとはお客様に対して「**5つの適正（Right）**」を提供することです。これを一般に「マーチャンダイジングの5R」と言います。

まず、1つ目は**適正な商品を提供する**ことで、お客様が満足する商品を仕入れ、陳列することです。つまり、店長が行なわなければならないことは、お客様に合った商品ミックス計画、すなわち、〝売り〟をつくるための品揃え計画を立てて、展開することなのです。

2つ目は、**適正な場所を設定する**ことです。販売する場所と流通経路の2つの意味を含みます。

3つ目は、**適正な時期**です。どのタイミングでどれだけの期間毎に仕入れられるかが重要です。この点については、売上・在庫分析を日頃からしっかりすることが求められます。

4つ目は、**適正な数量**で、どれだけの量をどのような方法で仕入れるかで、適正在庫と仕入れ方法との兼ね合いが重要となります。

5つ目は、**適正な価格の設定**で、どのような条件で仕入れるかということと、お客様が求めやすい価格と利益の取れる価格設定をすることがポイントです。

以上のように、店長にはマーチャンダイジングの5Rをコントロールしてお客様に魅力ある商品を提供することが求められています。

「マーチャンダイジング力」とは、「**商品力**」とも言い、**商品調達**、**商品構成**、**商品管理**、**価格設定**、**陳列等をすべて含んだもの**を指し、専門店の店長にとって最も重要な機能です。

業種・業態によって違いはありますが、1年間を週単位で区切って、週毎に商品構成を変化させる52週マーチャンダイジングを展開している店もあります。

店長が現場でマーチャンダイジング力を強化するにあたって重要なポイントは自店の商品コンセプトについて理解して、スタッフ全員にも浸透させることです。

繰り返しますが、商品コンセプトとは、品揃えの基本方針のことであり、店舗コンセプトの方向性と連動するものです。つまり、

- 誰に…売りたいターゲットを明確化すること
- 何を…ターゲット（顧客）ニーズに沿った商品の選定（マーチャンダイジング）
- どのように…その企業の持っている能力（独自能力）による売り方

この3点を基本要件として、トータルに表現したものです。

商品コンセプトはこれらの要素を受けて「この商品はどのようなものであって、誰が使うのか、どのように使って、そのメリットは何か」を端的に表したもので、ネーミングや価格、サービス方法までをトータルでまとめたものです。

店舗では、この考えに基づいて販売・販促を展開して、売上に結び付けていきます。

続いて、店長には店舗でのマーチャンダイジングの具体的な展開手法について理解するこ

フレームワークで考えよう

マーチャンダイジングサイクル

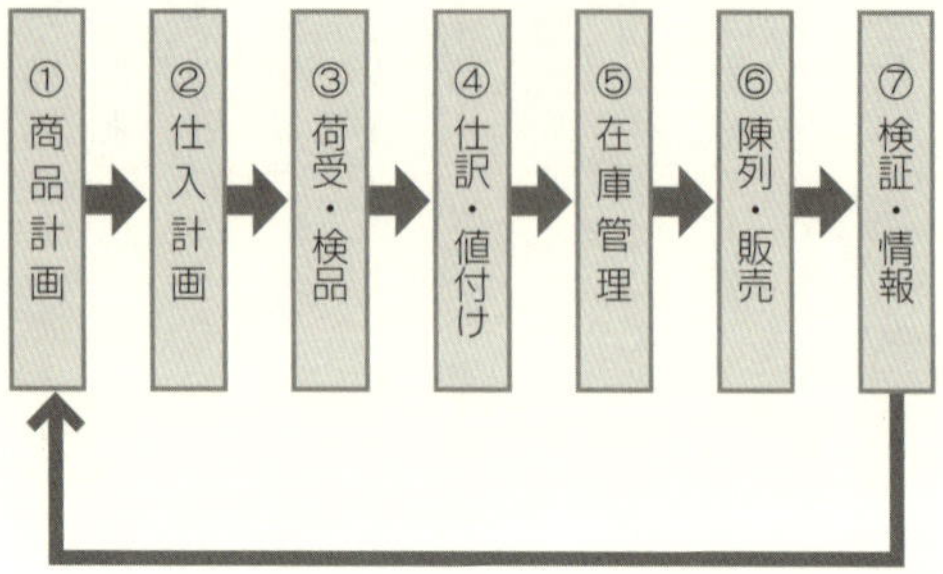

➡ **店長は日常この業務を繰り返している**

とが求められます。

この考え方を「**マーチャンダイジングサイクル**」と言い、日常、店長が行なっている商品の計画段階から仕入れ、販売までの一連の流れを言います。

まず、ターゲット顧客のニーズに対応して、どのような商品構成、価格にすべきかを決定する商品計画から始まり、どの仕入先から仕入れたらよいかを決める仕入計画に移ります。

そして、仕入先から納品された時に商品の検収を行なう荷受・検品、商品の仕訳・値付けを行ない、販売に必要な適正在庫の維持管理を行ないます。

そして、あらかじめ計画していた棚

割り表等に基づいて、顧客から見やすく、わかりやすく、手に取りやすく陳列し、販売するのです。

販売した結果に対して商品の売れ行きや在庫量を管理し、次の商品計画に移行していきます。この一連の流れがマーチャンダイジングサイクルです。

このようなことは、日々店長は現場で行なっているわけですが、それぞれの機能をしっかり理解して店舗の運営を行なうことが大切です。

4　店舗演出（陳列）について理解しよう

店舗演出（陳列）とは、「今の季節はこの商品がおすすめですよ」「こういう着こなしがありますよ」「こういう使い方がありますよ」などと、その**店・売場の考え方・主張を伝えるもので情報発信の役割・機能**があります。

つまり、店舗演出は、お客様が入店する時に、何かわくわくするようなエキサイティングな雰囲気を売場につくり出し、この良否が売上に影響する重要なものです。

陳列の機能を詳細に見てみると、店の方針をアピールすること、店から情報を伝えること、店内のエキサイティングな売場を訴求すること、商品の価値・特徴を表現すること、価格訴求をすること、店舗・商品のイメージアップの演出をすることなどがあります。

陳列の手法は業種・業態によって様々ですが、本書では店長が知っておくべき陳列の基本形として次の２つのタイプについて述べていきます。

まずは、**オープン・ストック**と言われている手法で、代表的なものが「**量感陳列**」です。主に食料品店、実用衣料品店、書籍、ドラッグ、スーパーマーケットの売場に多く見られ、ゴンドラを使用する場合には、同一種類や関連性のある種類は、グループ化して商品ブロックをつくり、横に並べるのではなくタテ割りに陳列する「タテ割り陳列」や商品の顔（フェイス）をよく見えるように陳列管理する「フェイス管理」を行なうことが多くあります。

量感陳列は**商品を大量に陳列し、活気とボリューム感と価格を訴求**し、販売する商品全般を効率的に陳列する手法で、**「見やすく」「選びやすく」「手に取りやすい」**ことが基本です。ただし、最近は、一部の雑貨店などでは逆にゴチャゴチャ感を演出して、ボリュームを出し、商品をわざと見つけにくくして、お客様が商品を探し出す喜びを演出して支持されているケースもあります。

２つ目は、**ショーディスプレイ**と言われる手法で、重要商品をショーウィンドウや店内の要所に展示して、店の主張を表現する陳列方法で「**展示陳列**」とも呼ばれます。

ファッション性の高い買回品の専門店で行なうと効果を発揮します。この考え方は、商品の特徴をアピールしたり、着こなしを提案したり、使い方を提案したり、関連商品とのコーディネートを提案したりとお客様の購買意欲を喚起するために行なうものです。

ディスプレイする場所は、ショーウィンドウやコーナー部分、店内ステージ、視認性の高い場所で展開することが効果的です。

ショーディスプレイを行なう時のポイントは、**店のポリシー・店からの情報を提供するという考え方を持つ**ことです。

例えば、ファッション商品はトレンドやコーディネートなどの情報を提供したり、新商品の情報提供などがあります。情報を提供する際は、お客様に語りかけるように生活のストーリーや使用する際のシーンを表現することが重要です。

次のポイントとして、ショーディスプレイの際は、その変化性を訴求することが大切です。例えば、ショーディスプレイを正面から見た時、すべての商品ディスプレイの高さに差異があったりすることがポイントです。

また、ショーディスプレイを行なう際は、三角形、逆三角形などのフォルムの美しさを表現した演出にすることがポイントです。また、ディスプレイ器具やマネキン、関連小物、造花、スポットライト・ダウンライトなどを効果的に用いて季節感のある演出をすることが重要です。

ショーディスプレイの代表的な展開例には、売場のコーナーなどで生活提案等の視覚面を重視して展示・陳列するVP（ビジュアル・プレゼンテーション）と、売場全体の観点に立って、視覚面からレイアウト・陳列・販売にストーリーを持たせた視覚効果を重視した商品政策を展開するVMD（ビジュアル・マーチャンダイジング）があります。

店長は自店のコンセプトに合わせた店舗演出の展開方法を明確にして、常に変化のある売場づくりをすることを心がけるべきです。

5 販売促進について理解しよう

販売促進というと、すぐに広告やイベントのイメージを思い浮かべる人が多くいます。最近、ショッピングセンターや商店街などでは、来館者を増やすために有名タレントを呼んだり、子供向けのショーなどを大々的に行なったりするケースが多く見受けられますが、一時的にお客様は集客できているけれど、肝心の個店の売上増につながっていかないケースが多いのが実態です。つまり、集客装置はあるものの販売装置が機能していないということです。本項では売りをつくるための販売装置を高めるために、店長が店舗で行なう**インストアプロモーション**を中心に述べていきます。

インストアプロモーションとは**店舗の考え方をアピールするもの**であり、そこには店の経営理念や経営方針などが盛り込まれなければなりません。

次に、**自店の商品にプラスアルファを加える**ことであり、お客様がこの店で買おうという「何か」を店・商品に備え付けるものです。

また、競争の厳しい環境下で他店と差別化を図りながら、**お客様を教育していく役割**も店側に持つことが要求されます。

また、インストアプロモーションを行なって、成功する店もあれば、うまくいかない店もあります。そして、うまくいかない店が成功している店を真似してもうまくいかないケースも多いのです。それは、それぞれの店の状況は店舗環境、顧客、競争環境等すべて違うからで、他店のものをそっくりそのまま持ってきてもうまくいかないのは当たり前です。

店舗で行なうインストアプロモーションは**店単位のオリジナルの内容**で実施しなければならないのです。

インストアプロモーションの展開においては、原理原則があるのでこれを理解した上で展開していけば、うまくいきます。

まず、ひとつの企画を何度も実施して、お客様に認知させる**反復の原則**です。

2つ目に、流通業は常にお客様の1歩先を提案していくべきで、季節感・季節行事の演出などを行なう**季節先取りの原則**があります。これについては、1年間のイベント・地域行事などきめ細かく計画して展開することが重要です。

３つ目は、お客様が店舗に期待していることは、常に「新しさ」や「新鮮さ」、「驚き」であり、そのために、**お客様の五感（見る、聞く、嗅ぐ、味わう、触れる）に刺激を与える刺激の原則**があります。

これらのことを踏まえて企画展開していきましょう。

インストアプロモーションは、お客様と商品とを適切に結びつけるための手法で、展開ステップは次のようになります。

まず、店舗スタッフ全員が店舗コンセプトを理解することから始まります。

次に自店の顧客ターゲットの分析を行ない、どの時期に、どのような顧客層が、どのような商品を購入しているかをとらえます。

分析結果を踏まえて商品政策の見直しを図り、インストアプロモーション計画を立案します。そして、実行して、その結果を検証して、また次の計画に反映させていくのです。

インストアプロモーションの要素には次のようなものがあります。

■陳列（オープン・ストック、ショーディスプレイ、ＶＰ、ＶＭＤ等）
■ＰＯＰ（ショーカード、プライスカード、カラーコントロール等）
■イベント（年間催事、季節訴求、商業施設との連動等）

■人的サービス（接客、顧客管理等）

ここで、ある婦人ファッション店でインストアプロモーションを企画したケースをご紹介します。

この店は、スタッフが日々ルーチンで仕事をしているような状態で、店長の悩みは「スタッフに元気がない」ことでした。スタッフに元気がない店は、店そのものが暗くなり、お客様が来店しても、楽しい接客ができるはずもなく、売上も下降線をたどっていたのです。そこで「活気ある店づくりをするにはどうすればよいか」をテーマに、スタッフとミーティングを開くことにしたのです。

スタッフとの話し合いの結果、店を活気付けるために店内での販売促進に取り組むことになりました。つまり、インストアプロモーションの展開です。

まず、店内演出で店の雰囲気づくりに取り組むことにしました。そのためには、スタッフのディスプレイ能力を上げることから始めました。各スタッフが得意分野の商品を選択し、着こなしコーディネート提案のディスプレイを展開するための勉強会の開催と実践訓練を日々行ないました。

各スタッフが着こなしコーディネート提案を現場で展開するにあたって、そのモデルを各

フレームワークで考えよう

インストアプロモーション展開ステップ

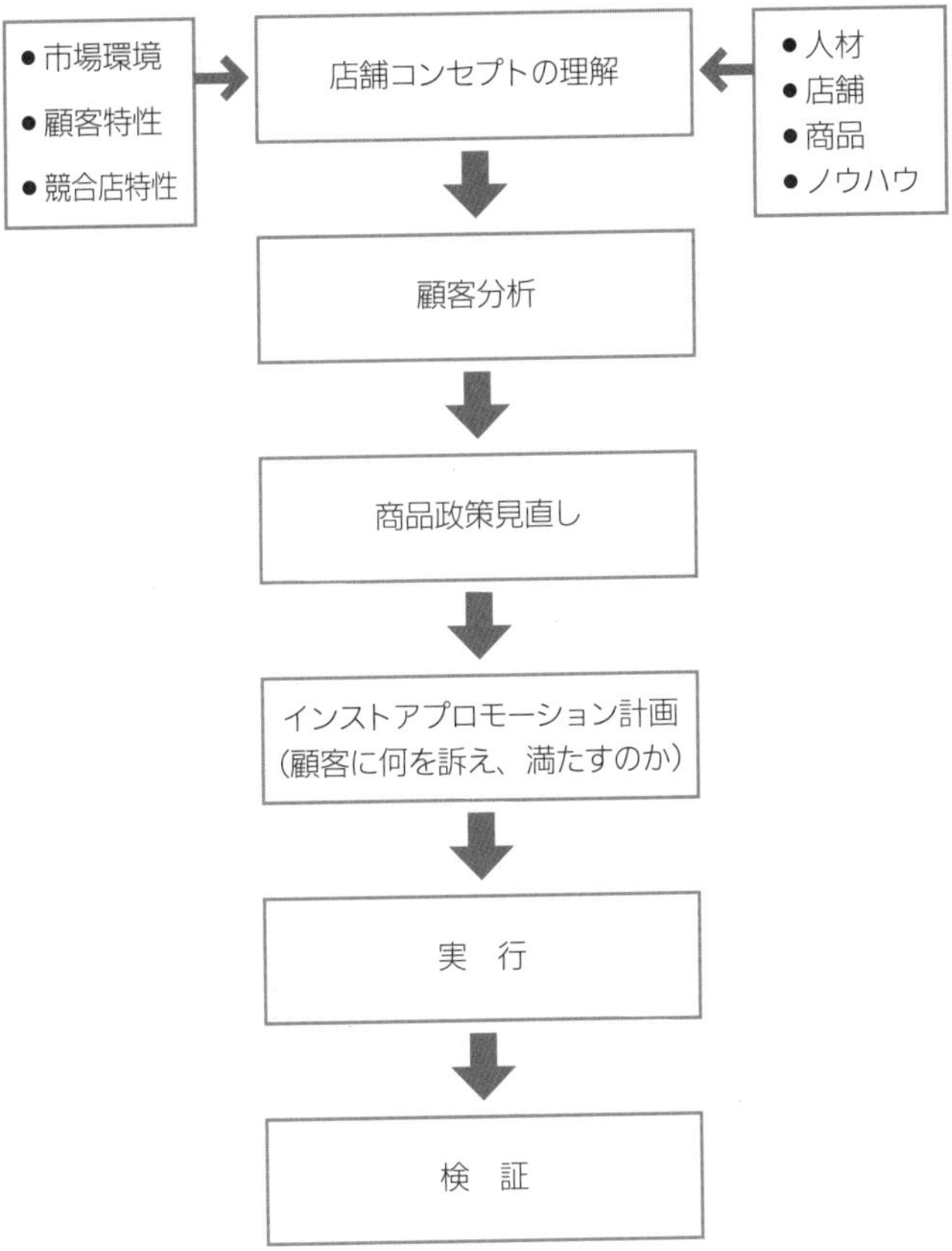

➡ スタッフが楽しんで企画・実行することによって、お客様の支持も得られ、その結果、売上増になる

スタッフがお客様にお願いするようにしました。コーディネートしたお客様モデルの写真を撮り、大型のパネルを作成し、店頭に掲載しました。完成したパネルには、今回の販売促進についての店の考え方と、「当店○○スタッフ一押しの着こなしコーディネート提案」と題した内容を盛り込みました。

実施後には、結果の検証を行ない、次回の企画につなげていきました。

この展開の効果は、もちろん、プロモーションによる集客もありますが、モデル役のお客様との関係強化、そのお客様を通じての新規客への口コミ強化（バイラルマーケティングの実践）、そして何より、スタッフのモチベーションアップ、「活気ある店づくり」の実現にも大きな効果がありました。

3章

店舗運営の実践

↑

店長ひとりが一所懸命に頑張っても
店全体の売上を上げることはできません。
それは、店のスタッフ全員が一丸となって
取り組むことにより達成されるものです。
3章では、よく売る店づくりを実現するために、
店舗現場で店長がどのように考え、
どのように行動すべきかについて解説します。

1 自店のポリシーを打ち出す

「あなたの店のポリシー（営業方針）は何ですか？」

ほとんどの店長はこの質問に答えることができません。もちろん、「私の店のポリシーは、お子様の健やかな成長を願い、ホスピタリティ豊かなサービスで安全・安心な商品を提供することです」などと明確に答える優秀な店長もいますが、残念ながらごく少数です。

「ポリシーを掲げても、上っ面だけで売上なんて上がるわけがない」と言われる経営者・店長もいますが、筆者に言わせればとんでもない話で、**店のトップである店長に自分の思い・主義主張がなければ店の運営、特にスタッフを動かすことなど到底できませんし、お客様の支持を得ることもできない**のではないでしょうか。

店のポリシーとは、すでに設定されている**店のコンセプトを実行に移すもの**で、店長が店を運営するための第一歩で基本となるものです。

つまり、店舗コンセプトで設定されたターゲット（顧客）に対して、どのような商品をどのような売り方で展開していくかの考え方から行動レベルまでを明確に表したものです。自店のポリシーとは、店長が自店を運営するための方針で、スタッフ全員に理解させ、全員が同じ方向を向く（ベクトルを合わせる）ようにしなければならないものなのです。

例えば次の事例を考えましょう。婦人ファッションのセレクトショップで、ターゲットが25～35歳の働く女性、ショップコンセプトが「エレガントをテーマに自分の世界観を持った大人の女性を演出」と設定され、客単価が2万円の品揃え型のショップがあります。店舗演出、売場のゾーニング、レイアウトなどの店舗構成および商品構成はコンセプト通りしっかりしていました。

平日午後の比較的お客様の少ない時間帯に、店で扱っているひとつのブランドを知っている新規のお客様が来店しました。しかし、お客様が入店してもスタッフからの挨拶はなく、商品を見ていても何のアプローチもない状態でした。店長は不在でスタッフは3名いましたが、それぞれが商品整理や伝票作業に没頭していたのです。その後もスタッフから何のアプローチがないので、仕方なくそのお客様からスタッフに声をかけましたが、その時のスタッフの反応は面倒くさそうに、「はい、何ですか？」とぶっきらぼうな声での応対でした。

その一瞬で、このお客様の購買意欲は引いていってしまいました。もちろん、何も買わずに退店。ブランドを認知しているお客様だけに、対応がよければ固定客になったかもしれないケースです。

これは、筆者の会社が行なっているある商業施設での顧客満足調査で、実際にあった例です。この時だけの現象だと思われる方がいるかもしれませんが、一事が万事であり、この店に対する他のお客様の反応も同様でした。なぜ、このようなことが起きたのでしょう。

調べてみると、店長は売場づくり等のハード面については本部の指示通りしていましたが、店を運営するための運営方針などを示しておらず、スタッフの指導もしていないとのことでした。このケースであれば、店舗のハード面はコンセプト通りしっかりとできているので、店長は運営方針を明確にスタッフに示すべきでした。運営方針としては客単価が2万円と比較的高額なので、「来店されるお客様に合わせて的確な商品提案とホスピタリティ豊かなサービスを徹底する」などのポリシーを掲げて周知徹底させなければならなかったのです。

ポリシーとは店を運営するための店長の思い・主張であり、売場づくり・演出、商品構成、接客サービス方法、顧客づくりなど一貫した展開方針を明確に示すものです。

自店のポリシーを設定するにあたっては**5W2H**を明確にすると具体的になります。

■Who（誰が）

設定したターゲット像を店のスタッフ全員が認識することが大切です。ターゲットは年齢で分類してはいけません。なぜなら、同年齢であっても同じような購買行動を起こすとは限らないからです。例えば、女性ファッションショップで高校生〜大学生の年齢層を狙ったショップであっても、20代後半〜30歳代のヤングママ層が購入しているケースも数多く見受けられます。つまり、ライフスタイルやライフサイクルの面から顧客層を設定することが望ましいのです。

■What（何を）

ターゲットに合わせた商品やサービスを、どのような品揃えで顧客の満足を得るかということです。商品の組み合わせを「マーチャンダイジング・ミックス」と言いますが、この組み合わせ方によって買上点数や客単価が増減するので重要な要素です。

■When（いつ）

適切な時期（季節）、時間に顧客が必要とする商品、サービスを的確に提供することが大切で、特に生活提案型店舗であれば、季節の先取りをしながら、顧客に情報発信します。

▪Ｗｈｙ（なぜ）

商品、サービスを顧客が購入したり利用することによって、どのようなメリットがあるか、どのような満足があるかという店の利用価値をしっかり顧客に認知させましょう。

▪Ｗｈｅｒｅ（どこから、どこで）

「どこから」は、どのような地域から来店されるかということで、すなわち商圏を指します。「どこで」は、店舗の立地場所を指し、商店街、駅ビルやショッピングセンターのテナントなどの立地場所によって商圏や滞留時間も異なってきます。

▪Ｈｏｗ ｔｏ（どのような方法で）

販売方法、サービス方法を考えましょう。生活必需品などの客単価が低い店はセルフ販売が中心ですが、専門店である以上は、一定レベルの接客サービスは行なわなければなりません。一方、客単価が高く、比較購買をする店では徹底的な接客サービスを重視します。顧客管理や販促サービスなどの方法もしっかりと決めておく必要があります。

フレームワークで考えよう

自店のポリシーの仕組み

ターゲット（顧客層）
店舗コンセプト

↓

自店のポリシー

- 売場づくり、演出
- 商品構成
- 接客サービス
- 顧客管理

↑

設定方法
5W2Hを明確に

- Who（誰が）
- What（何を）
- When（いつ）
- Why（なぜ）
- Where（どこから、どこで）
- How to（どのような方法で）
- How much（いくら）

➡ **店長の思い・主張を描いて、スタッフに理解させる**

■How much（いくら）

「自店でいくら使っていただけるか」という、客単価を決めましょう。計画された客単価を実現するために、品揃えと連動して、買上点数を増加させるための関連販売の強化などを行なっていきます。

2 年間運営計画をしっかり立てよう

年間運営計画を立てる目的は、店長が示した**自店のポリシーを実現するための具体的な方向を示すため**です。つまり、競合店と比べて自店の強み・弱みを見極めて、自店の店舗力、マーチャンダイジング力、プロモーション力、販売力などをどのように具体的に展開するかを計画（年間・半期・四半期・月間等）し、実行するものです。

店長自身の考えで年間運営計画を立て、店を運営している店長は残念ながらごく少数です。

1章で、「仕組みづくり」ができるか、できないかが、優秀な店長かダメ店長の違いであると述べましたが、ここで言う年間運営計画というのは、まさに「仕組みづくり」そのものを指します。

優秀な店長、デキル店長というのは、自店のポリシーを掲げ、自ら目標売上・利益を生み出す仕組みをつくり、それを実践・実行できる店長のことです。

年間運営計画を立てることによって、次のような効果があります。

例えば、顧客管理がしっかりとできていると思っていたけれど、現実には顧客データだけでお客様の顔が全然わかっていなかった、などの見えなかった問題点が見えてきて、解決の方向性が見えてきます。そして、売上目標を達成するための手段を体系的にまとめることができます。また、スタッフ間のコミュニケーションツールになり、各スタッフの方向性（ベクトル）を合わせることができます。

ここで筆者がかかわった事例を紹介します。ショッピングセンターにテナントとして出店しているメンズセレクトショップの例です。20～30歳代後半がターゲット、客単価が1万5千円、スタッフは7名で、店長は就任3年目です。今まで、自分の意思で店の年間運営計画を立てたことはありませんでした。また、本社からも年間運営計画を立てろ、という指示はありませんでした。

たまたま、ショッピングセンターが開催した筆者のセミナーに参加したことをきっかけに、店の年間運営計画を立てる必要性を感じ、自らの意思で作成し、実行することにしました。競合店との差別化を明確にするために、自店のポリシーを「ブランドの訴求によるプレゼンテーション力の強化と固定客化の徹底」としました。これを実現するために、自店の商圏を把握し、自店の顧客分析を行ない、強み・弱みを整理しました。

年間売上目標1億5千万円を達成するために月次の売上計画、客単価、客数、坪当売上高、各商品カテゴリー別販売計画を立案しました。また、これらの計画を達成するための店舗構成計画、マーチャンダイジング計画、スタッフ育成計画、利益計画、販売促進計画をそれぞれ年間単位・半期単位・四半期単位・月間単位で設定し、この計画を推進するためのメンバーの割り当て、役割分担、進捗チェック基準を明確に設定して実行していきました。

これには後日談もあり、この店は全部で10店舗ある企業の1店で、この展開を知った社長が、この考え方と作成したフォーマットツールが非常によいということで、全社的に導入することを決めて、全店舗で展開することになりました。ひとりの店長の自主的な行動が会社全体の方向性を示したことになったのです。

年間運営計画の作成手順は次の通りです。

まず、会社の経営戦略・理念を基に、店長が考えた**自店のポリシー**を設定します。

そして、自店の外部環境をしっかりととらえて、**自店の強み・弱み**を明らかにします。

例えば、ブランド力・販売力が優れている店であれば「ブランド・販売力」を前面に打ち出した展開を図ります。

ここで、注意すべき点は、自店の強みと弱みを把握する時には、どうしても「甘く見がち」になってしまう傾向があるので、厳しい目で見る必要があるということです。例えば、ファッション系の店舗の場合、商品力が生命線であるので、ほとんどの企業で「自社は商品力がある」と思っていることが多く見受けられますが、客観的に判断してみると他店と比較すると必ず優劣があるはずなので、この点を厳しい目でとらえるべきです。

次に、与えられた予算に対しての**月次の売上計画、客単価、客数、坪当売上高、各商品カテゴリー別販売計画**を立案します。

これらを実現するために自店の状況に応じた**「店舗・商品・人材・プロモーション」に関する展開計画**を立案することになります。

この展開で、筆者が使用するフォーマットの一部を掲載しますので、活用してください。

年間運営計画フォーマット

店　名	業　種　／　店舗面積	店長氏名
	／　　　坪	

● 自社の経営戦略、経営理念

経営戦略	
経営理念	

● 自店のポリシー

店長のポリシー	

● 自店の客層　● 自店の強み　● 競合店の特徴（ライバル店）

客　層	
強　み	
競合店	

● 本年度の売上年間目標：＿＿＿＿＿＿＿＿＿＿＿＿円

● 自店の月別計画（1年間）

		月	月	月	月	月	月	月	月	月	月	月	月
売　上	目標（千円）												
	昨年												
客　数	目標（人）												
	昨年												
客単価	目標（円）												
	昨年												
坪当売上高	目標（千円）												

● 機能別展開計画

	具体的手順	月	月	月	月	月	月	月	月	月	月	月	月
店　舗													
商　品													
人　材													
販売促進													
ノウハウ等													

3 店長が行なう現場でのマネジメント

店長が行なうマネジメントを端的に言えば、「**売れる店づくりのために店舗を効率よく運営する技術**」です。

少し教科書的に難しい言い方をすれば、「マネジメントとは経営管理のことであり、売上計画を達成するために店長が店を運営する管理能力のことである」となります。

つまり、店舗現場でのマネジメントとは、店長が自分の思い・主義主張を語り、年間運営計画を設定し、実現するため、売場づくり・商品政策・スタッフ管理・販促計画等これらの一連の流れを計画し、実行し、計画通り達成できたかをチェックするものです。

ここで店舗現場での店長が行なうマネジメントについて、次の3つの質問について考えてみましょう。

質問1　スタッフに仕事のやりがいを感じさせるために、店長が行なうことは？

質問2　スタッフは店長の的確な指示・命令があって動くが、その際に店長が配慮することは？
質問3　店長のやり方、考え方を見せることによって、スタッフを育てることができるのだろうか？　その際に店長が取るべき行動とは？

それぞれの質問についてあなたならどのように対処しますか。
様々な対処方法がありますが、筆者は以下のように考えます。

質問1　スタッフに仕事のやりがいを感じさせるために、店長が行なうことは？

まずはじめに、知識・ノウハウを教えて、スタッフに実行させて**自信をつけさせる**ことです。そして、スタッフが一所懸命やって結果が出た場合には、しっかり**褒めます**。次の展開として、ひとつの仕事ができるようになったら、ワンランク上の仕事を任せます。

質問2　スタッフは店長の的確な指示・命令があって動くが、その際に店長が配慮することは？

まずはじめに、スタッフ**個々の能力にあった指示**を出すことです。そして、店長が出した指示・命令を実施するにあたって、スタッフが動きやすい環境をつくります。最後に、スタッフが**動いた結果の確認**を必ず取りましょう。その際、店長は**スタッフの声を熱心に聞いてあげる**ことです。

質問3　店長のやり方、考え方を見せることによって、スタッフを育てることができるのだろうか？　その際に店長が取るべき行動とは？

まず、**店長自らが考え方・やり方を示します**。その時に気をつけなければならないことは、自分のやり方だけを押し付けないで、**基本をしっかり教える**ことです。その際は、スタッフ個々の個性を伸ばすことが重要であり、できないことに対して重箱の隅をつつくようにグチグチと小言を言うべきではありません。

店長に求められるマネジメントには2つの側面があります。店の運営面と人の側面があり、それぞれ分けて考えると展開しやすいでしょう。

■店の運営面について

最初に**計画力**であり、設定された売上予算を達成するために自店のポリシーを設定し、年間運営計画を立案します。これらを基にして、年間販売計画・半期販売計画・四半期販売計画・月別月間販売計画を作成し、実行に移していく能力です。同様に販促計画も立案します。

2つ目に**店舗現場での組織づくり**です。売上予算を達成するためにスタッフ一人ひとりの役割を決めます。メンバーそれぞれに長所・短所があるので、店長はメンバーの得意な分野・苦手な分野をしっかり把握して、適材適所に役割分担を決めて配置することが望ましいでしょう。また、店長の次席（サブ）については、役割分担を明確にすることです。

3つ目に**スタッフ育成**です。スタッフそれぞれの性格、能力に応じて育成目標を立て、店舗現場で実戦を通じて育成していきます。同時に、次期店長の育成も図りましょう。

4つ目に店長に求められる一番重要なことと言える**店舗での問題解決能力**です。店舗現場では日々問題が発生しています。店長は様々な問題をしっかりとらえて、重要問題を選定し、その原因を探ります。そして、その解決策を考え、効果的に取り組むことによって元気で明るい店づくりを達成し、その結果、売上・利益目標の達成に結びつけるのです。

■人の側面について

最初に**コミュニケーション能力**です。店長とスタッフ、上司、関係者等との意思の疎通、交流を通じて情報や方法をやりとりして、信頼関係を構築します。また、店はチームワークがよいか悪いかで決まるといっても言い過ぎではありません。店長ひとりがいくら頑張っても限界があります。最近の店舗現場を見ていて気づくことは、売上成績の悪い店舗はチームワークができていない店が多く見受けられます。その原因はメンバー間の人間関係にあることが多く、店内がギクシャクしてしまい、お客様に目が向けられない状態になってしまっているので、接客が疎かになり、その結果、売上の減少になってしまうのです。

2つ目に**モチベーション（動機付け）**です。スタッフの働くことへの意識を汲み取り、スタッフ自らがやる気を出すように仕向けることが大切です。

3つ目に**リーダーシップ**です。繰り返しますが、店長ひとりの力では限界があります。リーダーシップとは、スタッフが自ら進んで努力をするように仕向けるものです。つまり、店長がリーダーシップを発揮することによって、スタッフの力を何倍にも引き上げることが可能となり、結果、目標を達成させることができるようになるのです。

4 ＰＤＳを計画的に回そう

ＰＤＳとは、「店長が現場で行なうマネジメント」を店舗現場で実践するための手法です。**ＰはＰＬＡＮ（計画）、ＤはＤＯ（実行）、ＳはＳＥＥ（検討、チェック）**ですが、頭文字を取って「ＰＤＳ」と言います。

ＳＥＥをＣＨＥＣＫ（チェック）とＡＣＴＩＯＮ（アクション）に分けて「ＰＤＣＡ」と言うこともあります。

つまり、マネジメントを実践的にＰＤＳと展開（回す）することで、これをマネジメントサイクルと言います。

もっと平たく言えば、売れる店づくりのための**段取りから売場での実行**のことです。

どのような業界でも言われていることですが、段取りの良し悪しで仕事のでき栄えの70〜80％が決まると言われています。

段取りの上手な店長は、的確な売場づくり・マーチャンダイジング・スタッフ管理・販促計画をつくり、現場をスムーズに回すことで、計画通りの売上・利益を上げることができるのです。
一方、段取りの下手な店長は、売場づくり・商品政策・スタッフ管理・販促計画等の業務が漏れていたり、ダブったりしていて、どうでもよい余計な仕事ばかり増えてしまい、やらなければならない重要な仕事が後回しになったりして、結果、売上目標も未達成になり、余計な仕事をしている分、経費もかさみ利益も出ない状態になってしまいます。

それでは、よく売る店づくりのための店長が行なうＰＤＳのそれぞれの実践内容について整理してみましょう。

PLAN（計画）は、計画力であり、会社・本部で設定された売上予算を達成するために自店のポリシーを設定し、年間運営計画を立案することです。そして目標を達成するために適材適所にスタッフを配置します。つまり、組織づくりと言えます。

DO（実行）は、文字通り、店舗現場で計画を実行することです。この実行にあたって店長が店でスタッフに対して様々な場面で関与していくことになります。まず、店長のポリシーを理解させ、同じ方向に向かうようにベクトルを合わせます。その際必要なことは、スタッフとのコミュニケーションです。目標に向かってスタッフが自ら進んで動くように仕向けるためにリーダーシップを発揮しなければなりません。そして、実行段階でスタッフそれぞれに対して、やる気を起こさせるように動機付けを行なうことが求められます。

続いて、DO（実行）の段階で期間単位（半期・四半期・月間・週間）に行なうのが、**SEE（検討、チェック）**です。この段階が店長力の発揮のしどころです。計画を立てて、実行はするもののやりっぱなしでは意味がありません。

しかし、現場を見ているとこのSEEができていない店長が圧倒的に多いのが実情です。店長は売上利益計画、そのための売場づくり、商品政策、スタッフ育成、販促計画等これら一連の計画と期間内の結果についての、差異をチェックしなければなりません。チェックの結果、大幅な差異があればその問題点を抽出して、それらの原因を見つけ出し、その改善策を打ちます。この改善策をまた次のPLANへと連動していくのです。SEE段階で必要とされるのが店長の問題解決能力です。

SEEは店長が店舗現場で必ずしなければならないことなのです。

フレームワークで考えよう

マネジメントサイクルとは

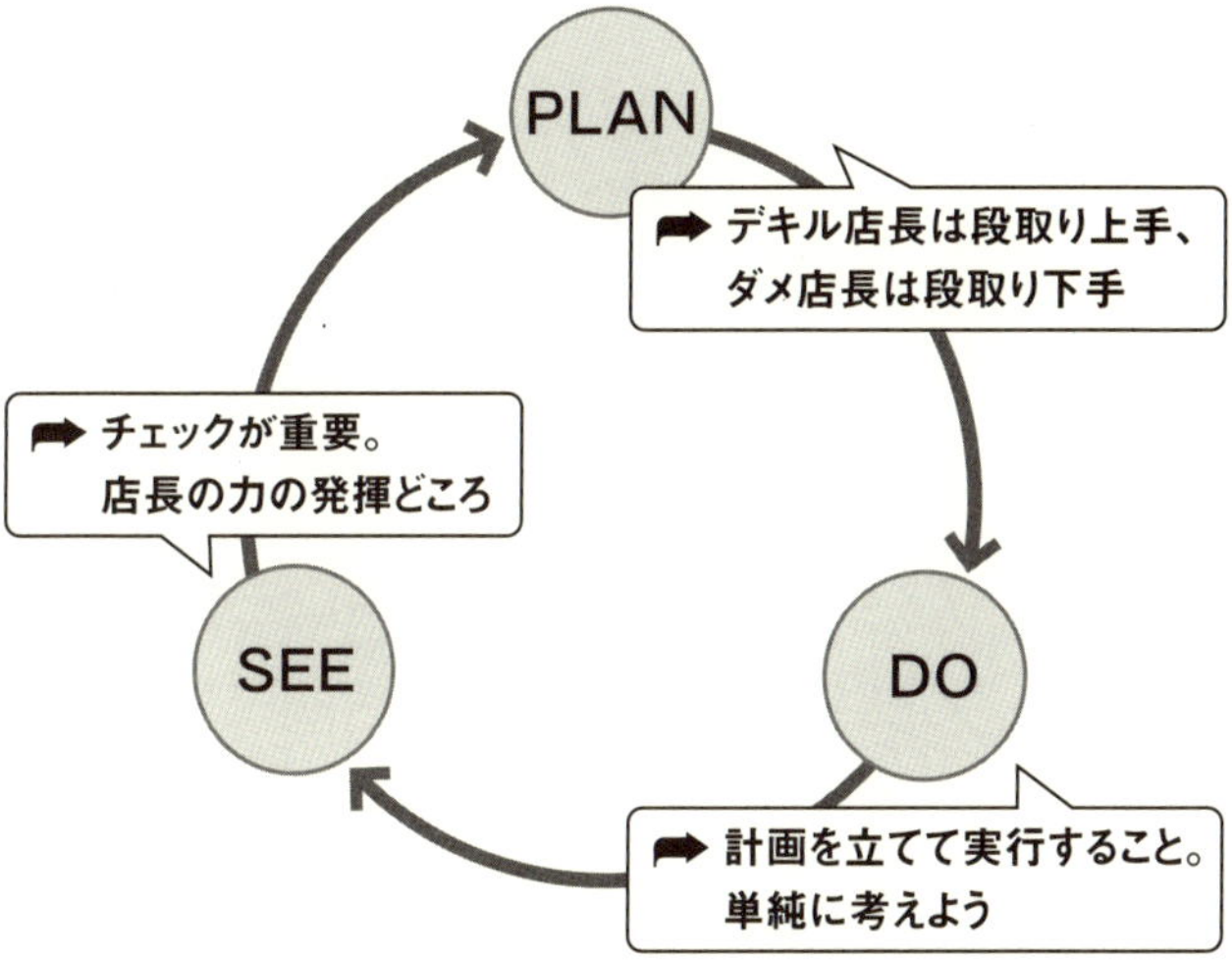
PLAN
デキル店長は段取り上手、
ダメ店長は段取り下手
DO
計画を立てて実行すること。
単純に考えよう
SEE
チェックが重要。
店長の力の発揮どころ

PLAN（計画）	●店の運営計画を立てる ●スタッフの配置・シフトを組む
DO（実行）	●スタッフに動機付けを行ない、実行させる ●スタッフとのコミュニケーション ●リーダーシップの発揮
SEE （検討、チェック）	●計画と実績との差異をチェックする ●差異があれば原因を究明する ●改善策を考え、次の計画へ反映させる

5 コミュニケーションのとり方

ちょっと極端な言い方をすれば、店長は人と接することが仕事です。店長は様々な関連機関の人と接しています。来店されたお客様、店のスタッフ、本部の上司、取引先、商店街やショッピングセンターの管理者等々と日々接しているのです。そんな中で、人間関係・コミュニケーションに苦労している店長が多いのも事実です。

コミュニケーションを簡単に言うと、人と人との間で交わされる情報の伝達であり、意思の疎通、心の通い合いのことを言います。**一方的なものでなく、相手が理解してはじめて成り立つ**もので、ボールをお互いに投げ合うキャッチボールのようなものと言えます。

例えば、スタッフ間のコミュニケーションがないというのは、スタッフ間で会話が成り立たない、気持ちが通じ合わないことを言います。

次の事例を見てください。

ある婦人ファッションショップ（スタッフ6名、客単価1万円）に新任店長が異動してきました。スタッフそれぞれは接客スキルの高い人も、ディスプレイのスキルの高い人もいるので、全体的にスキルが高い店です。新任の店長は販売計画をつくり、具体的な展開を図ろうとしたところ、スタッフに個性の強い人が多いため、うまく進められず、ゴタゴタした状態になりました。3ヶ月くらいこのような状態が続き、何とかしなければならないと考え、店長はスタッフ一人ひとりと話し合いを持つことにしました。

じっくりとスタッフの考えを聞き、店長自身の考えも伝え、理解してもらいます。具体的には、店に盛り上がりがないので「楽しい店・元気な店にするために」をテーマ（店長のポリシー）にサブリーダーと話し合い、頻繁にコミュニケーションをとることにしました。また、他のメンバーとも方向性・内容について情報提供しながら、メンバー一人ひとりのスキルの棚卸をして、それぞれの得意分野を伸ばす目標を決めていきました。店長は、途中でそれぞれの進捗を個別に確認しながら、できていれば、たくさん褒めて育てていきました。その結果、店の中のコミュニケーションも円滑になり、スタッフのモチベーションも上がり、店が明るくなっていきました。

店長に求められるコミュニケーションには大きく2つの種類があります。

1つ目は、**仕事上のコミュニケーション**（フォーマルコミュニケーション）と**仕事以外のコミュニケーション**（インフォーマルコミュニケーション）です。フォーマルコミュニケーションは、仕事の中で命令したり、指示したり、相談を受けたりするものです。

インフォーマルコミュニケーションは、仕事以外の時間でざっくばらんに会話したり、食事をしたりするものです。店長の中には、仕事以外はスタッフとはかかわりを持たないという方もいるかもしれません。しかし、店の中で円滑なコミュニケーションを築くには仕事以外の関係の中から相手を理解したり、信頼感も生まれているということを理解してインフォーマルコミュニケーションを積極的にとるように心がけていきましょう。

2つ目は、**言語によるコミュニケーション**（バーバルコミュニケーション）と**言語によらないコミュニケーション**（ノンバーバルコミュニケーション）です。

バーバルコミュニケーションとは、言葉によるもので、相手の言っていることがはっきりわかります。厄介なのがノンバーバルコミュニケーションで、言葉以外から相手の気持ちを探らなければなりません。店長はスタッフの言葉以外の表情・動作・しぐさ・態度からコンディション状態を察知して、適切な対応をとらなければなりません。

例えば、朝、出勤したスタッフの顔が暗く、何か悩んでいるような場合は、店長はそのまま放っておくのではなく、店長のほうから「何か、元気がないみたいだけど、どうかしたの?」などと一言声をかけることが必要です。そのために店長は、常日頃からスタッフの能力・性格等を把握し、観察しなければならないのです。

次に、コミュニケーションをとる時に必要とされる２つのスキルを解説します。

まずは、「**伝達するスキル**」です。具体的に正確に伝えることが大前提であり、また、相手の立場に合わせて伝えなければなりません。特に新人スタッフと話す時は、専門用語などはわかりやすく解説しながら説明しましょう。もちろん、接客の際も、お客様に説明する時は専門用語をあまり多用せずに、わかりやすく話すことが重要です。

次に、「**聴くスキル**」です。店長に求められるのは「聞く」スキルではなく、「聴く」スキルです。つまり、人の話を傾聴することです。店長がスタッフの話を一所懸命聴いてあげることです。結果、スタッフは店長と会話することが楽しくなり、店長に認められたと感じて自信も生まれ、やる気もアップしていきます。

フレーム
ワークで
考えよう

店長に求められるコミュニケーション力

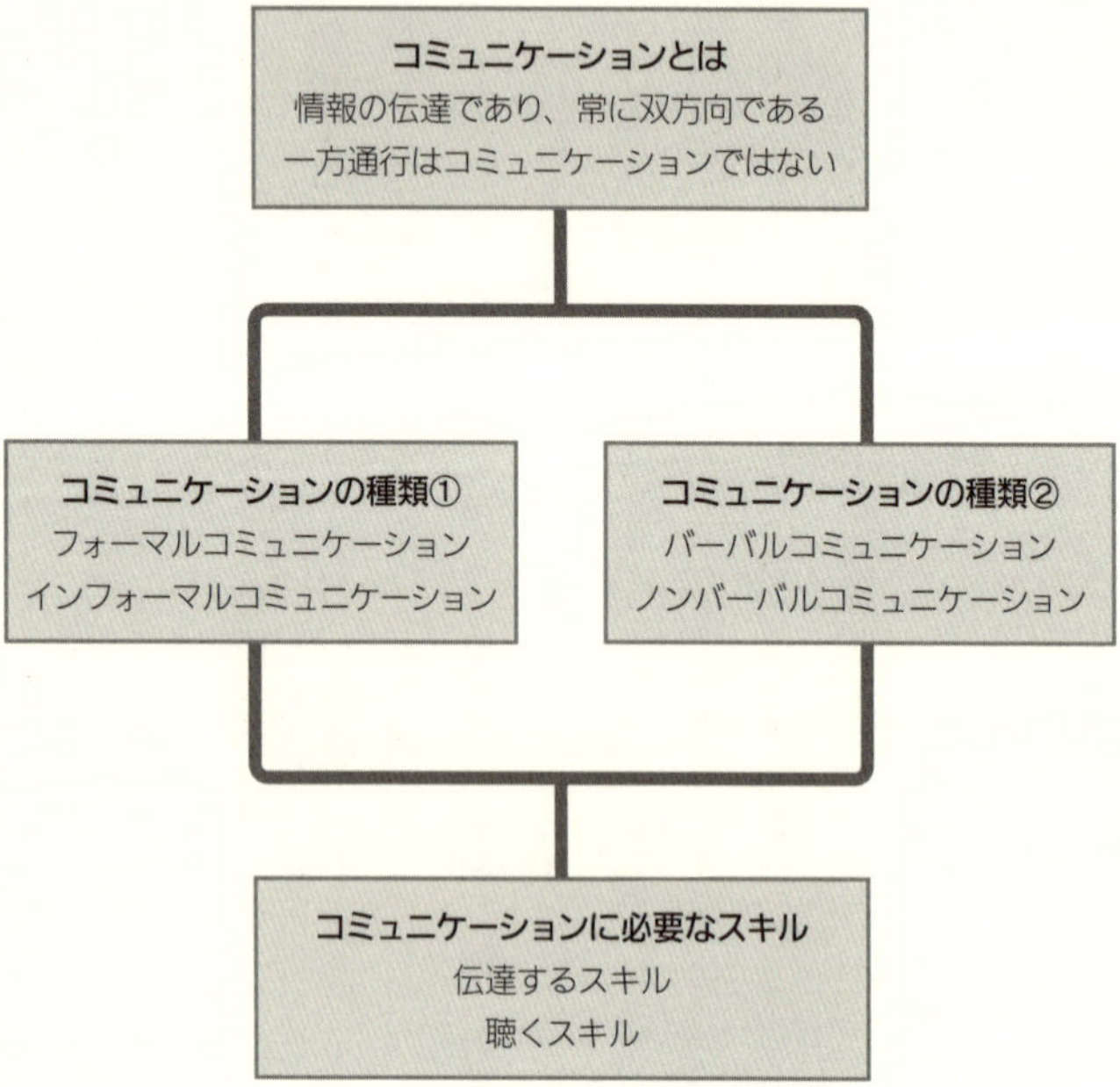

コミュニケーションとは
情報の伝達であり、常に双方向である
一方通行はコミュニケーションではない
コミュニケーションの種類①
フォーマルコミュニケーション
インフォーマルコミュニケーション
コミュニケーションの種類②
バーバルコミュニケーション
ノンバーバルコミュニケーション
コミュニケーションに必要なスキル
伝達するスキル
聴くスキル

コミュニケーションNGワード例

- 「それよりも…」→ **相手の話の腰を折る**
- 「これは命令だよ」→ **上からの目線**
- 「君のやり方は違うよ、だからダメなんだよ」
  → **相手を否定する**
- 「君の考えは甘い、私の経験では…」→ **説教する**
- 「そんなことはわかってたよ」→ **相手の話を聴かない**

etc.

6 メンバーへの動機付け ～従業員満足から目標管理～

コミュニケーションの中で、店長が特に発揮しなければならないのが、**スタッフへの動機付け（モチベーション）**です。

店舗現場では、スタッフの「やる気」をアップさせなければいけない、「やる気」をアップさせるにはどうすればよいのだろうか？　と悩んでいる店長は数多くいます。

店長がスタッフに求める「やる気」とは、ほとんどが売上を上げるためとか接客技術を上げるためなどという結果に対しての欲求が多いのが実態です。この考えも間違ってはいませんが、ここで改めて考えてもらいたいことは、売上が上がるとか、接客技術が上がるというのは、スタッフが自分自身で努力した結果であるということです。

店長が行なう動機付けとは、この結果を達成させるための過程（プロセス）の中で、各スタッフに働きかけて達成させていくものです。

もちろん、その対象（相手）は各スタッフであるので、スタッフそれぞれの考え方・性格・

能力・将来の方向性という欲求等を日頃からよく理解していなければなりません。

つまり、プロセスの中で、スタッフを褒めたり、励ましたり、時には叱ったりしながら、スタッフを育成していく気持ちを前面に出して接していくという姿勢が求められます。

叱る時には、なぜ叱っているのかを相手がわかるように注意深く具体的に説明することが必要です。


そこで、店長が店舗現場でスタッフへ動機付けを行なうために知っておくべき考え方を解説します。

これは、人間が持っている欲求について段階的に整理したもので「**欲求5段階論**」と言い、ひとつの欲求が満たされると次の段階の欲求に進み、それが満たされるとさらに次の段階に進むというものです。

この考えを基に、筆者がスタッフの持っている欲求について整理したものは以下の通りです。


第1段階…**生理的欲求**。与えられた時間の中で仕事をして、お金さえもらえればよいという欲求。

第2段階…**安全の欲求**。店の中で体力的にも精神的にも安定的に仕事ができればよいという欲求。

第3段階…**社会的欲求**。店への愛着や帰属意識、仲間とコミュニケーションをよくして仕事をしたいという欲求。

第4段階…**自我の欲求**。自分の考えで自主的に仕事をしたい、与えられた目標を達成してプライドを持って仕事をしたい、上のポジションを目指したいという欲求。

第5段階…**自己実現の欲求**。自分の将来の目標を達成したい、具体的にはいつまでに店長になりたい、将来的には自分の店を持ちたいという欲求。

このように、スタッフそれぞれに仕事に関する考え方や価値観が異なっています。

つまり、個々のスタッフの仕事に関する考え方やキャリアアップへの思いを店長はしっかりと受け止めて、動機付けを行なって「やる気」にさせなければなりません。

ここで、ある婦人ファッションショップの例をあげます。

この店は、顧客は20代前半がターゲットで客単価が5000円、スタッフは4名（社員1名、アルバイト3名）、店長は1年前に着任しました。当時はスタッフの意識、スキルは低く、店長ひとりがしゃかりきになって運営していました。スタッフに個人売上を提出させたりしましたが、売上は上がらず、逆に「売上、売上」と言い過ぎたため、スタッフは萎縮してしまい、店の雰囲気も暗くなってしまいました。しばらくして、スタッフの入れ替えがあり、意欲のある新人が入ってきて、売上をそこそこ上げていました。店長はここで、次のように方向転換をしました。売上で競わせるのではなく、各スタッフの特徴を踏まえて、各人のよい点を伸ばす目標を与え、その点数で競わせたのです。

ここで店長がとった行動は、プロセスを確認しながら、スタッフそれぞれを褒めて褒めて褒めちぎったのです。結果、各スタッフは自ら考えるようになり、徐々に結果を出すようになりました。店の雰囲気も明るくなり、スタッフのやる気も出て、最終的には売上も上がっていきました。

この事例では、先の「欲求5段階論」の考え方も取り入れていますが、もうひとつ店長が取り入れたものに「**目標管理**」があります。

目標管理とは、個人の目標と店長の立てた目標とを合わせて、スタッフが自主管理することによって目標を達成させる手法です。つまり、店の目標の下でスタッフは自己管理しながら（自分で目標を立て、自分の考えで実行し、評価する）、店と自己の目標達成を図るというものです。

フレームワークで考えよう　欲求5段階論

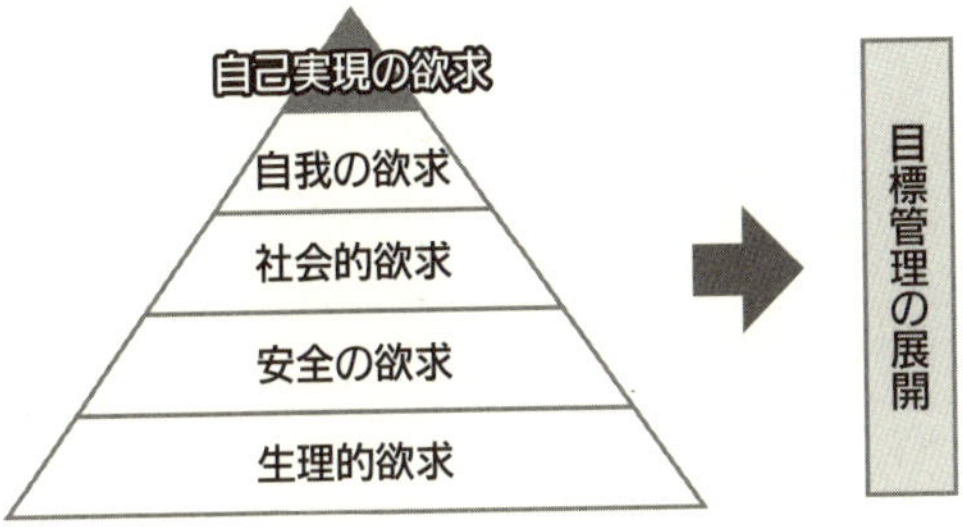

➡ **スタッフがどの段階にいるかを理解して、動機付けをする**

この事例のように、店長から押しつけられた売上目標では、スタッフは最初から目標の達成は無理だとあきらめていました。その結果はもちろん、未達成に終わり、最終的にできないことの言い訳を並べて報告しました。

目標を与えた後はスタッフに任せっぱなしにして、結果だけを評価するというやり方では、成果を上げることはできません。

モチベーションを上げる基本は、**スタッフ本人の「やる気」を上げること**です。

そのためには、**自分で考えさせて自ら具体的に動くようにすること**が大切なのです。

「頑張る、頑張る」と言う人に限って口で言っているだけで実行せず、目標・目的に達することはできません。しっかり目標・目的を達成する人は、目標・目的に向かって自分で考えて、自分の意志で、具体的に行動する人なのです。

7 店長がとるべきリーダーシップとは

店長しだいで売上は2割から3割アップする——この実現にはまさしく店長のリーダーシップにかかっています。

店長に求められるリーダーシップというのは、店の目標を達成させるためにスタッフに対して自ら進んで行動を起こさせるように仕向けるようにすることです。

つまり、スタッフをまとめて、「やる気」を起こさせ、スタッフの能力を何倍にも引き上げてあげることです。

店長がリーダーシップを発揮するには2つの要素があります。

ひとつは、店長という組織上の地位に与えられたものであり、その権限をベースに力を発揮するものです。これを**ポジションパワー**と言います。

２つ目は、店長の個人としての魅力、性格、雰囲気、仕事への取り組み姿勢、専門能力などの人格的影響力から、スタッフに信頼を与えるものです。これを**パーソナルパワー**と言います。

次の文は、ある専門店で店長になることに悩んでいたＡさんに筆者が宛てた手紙です。

～店長になるＡさんへ～

Ａさんも来月より店長になるのですね。

Ａさんが店長になると決断した理由を先日お聞きして、私は頼もしく思いました。

確か、その経緯は、本部からの指名だけでなく、スタッフからの意見でＡさんが推薦され、引き受けてみようかと決断されたのですよね。これは素晴しいことだと思います。

しかし、人の上に立ち、皆の意見をまとめ、店を引っ張っていくことは大変なことだと思います。

前置きが長くなりましたが、今、Aさんは悩んでいるように見受けられましたのでペンをとりました。

この手紙では、大きく2つのことについて述べます。

1つ目は、Aさんが店長になることに悩んでいること。

2つ目は、今後の気持ちの持ち方について。

「Aさんが店長になることに悩んでいること」

Aさんが店長になることを決めたのはスタッフの方々から推されたからですよね。つまり、皆の信任を得てなるわけだから、誰に遠慮なく、自分そのものを出して、自然体で振舞えばいいと思います。

リーダーのあり方については今まで直接話をしていなかったので、ここで簡単に説明したいと思います。

リーダーシップには次の3つの考え方があります。

■**資性論**…リーダーの資質を表します。これはリーダーに求められる先天的な資質で、肉体的だとか、性格だとか、雰囲気を表します。この点については、皆から推されてなるわけですから、Ａさんそのものにこれらの要素が備わっていたと思いますので、自信を持って振舞っていいと思います。

■**行動論**…いろいろな学説がありますが、結論的には民主的に振舞うことが一番望ましいとされています。スタッフの意見を聞いてあげて、最終的にリーダーが結論を出して行動するということです。

　店には多くのスタッフがいます。スタッフの中にはいろいろな考え方・個性を持った人がいます。「私が、私が」と常に前に出たがる人、まわりを気にしながら配慮のできる人、自分の意見を出さない人、等々、様々な性質を持った人がいますので、それらの人をまとめていくことは大変なことです。すべてのスタッフが満足することなどあり得ません。ですから、必ず不平不満は出てきます。これをなるべく皆が納得するように仕向けることが大事だと思います。

■**状況論**…その場の置かれた状況によってスタイルを変えることです。店にはいろいろな性格の人がいますので、それらの性格を見ながら接することが大切です。もちろん、迎合する必要はありません。それぞれの考えを聴いてあげることです。そして、話し合って、結論を出すことです。

「今後の気持ちの持ち方について」

くどいようですが、Aさんは皆の総意で選ばれた店長です。常に公平感を持って自信を持って何事にもあたっていけばよいと思います。Aさんのよさは、ゆったりと自然体で構えていられることだと思います。あまり、肩肘張って気負わずに、リラックスして臨んでください。

チームのトップがいらいらしていると、よい結果は生まれません。泰然自若（ゆったりと落ち着いて平常と変わらない様）でいればその組織はうまく回ります。

最後になりますが、Aさんにはリーダーとしての資質はありますので、自然体で自信を持ってことにあたってください。

店長になるにあたって悩んでいるように見えるAさんへ

この手紙を送ったA氏はその後、「よく売る店の店長」に成長していきました。

次に、店舗現場でリーダーシップを発揮できない店長を列挙します。読者の皆様にはこうならないように気をつけていただきたいと思います。

■問題が多数あるのに危機感が欠如している店長
■自分の殻に閉じこもり、常にネガティブな考えを持っている店長
■自らのポリシーを打ち出すことができず、仮に、あったとしてもそれをスタッフに上手に伝えて理解させることができない店長（リーダシップ能力とコミュニケーション能力に欠けること）
■人の話を聞くことができず、独りよがりの行動をとる店長
■昔の自分の成功体験に酔いしれて、時代に合わせた考え、行動がとれない店長

店舗スタッフとの円滑なコミュニケーションを図り、リーダーシップを発揮し、店長力を強化していきましょう。

8 店舗での不足事態にどう対応するか ～リスクマネジメントについて～

店舗現場においては、**地震や台風などの自然災害、事故などの人為的災害、個人情報の漏洩や詐欺など、様々なリスク（危険）**があります。この結果生じる様々な被害は、店舗はもちろんのこと会社全体の運営に多大な困難をもたらし、時には会社全体の存続そのものを脅かすような事態に進展することも珍しくありません。

現実に、一流と言われている老舗の飲食店でも、食材の使いまわしや食品の産地偽装などの不祥事が発覚して営業停止から廃業になっているケースがあります。このようなケースは、ここ数年、跡を絶たず発覚しているのです。

ここで、店舗現場で発生するリスクについて考えてみましょう。

地震や津波、台風などの自然災害に加えて、火事や事故などの人為的災害があります。

また、商品関連であれば、原材料や成分などの表示偽装などがあります。

これらは店長の責任範囲を超えたリスクとも言えますが、このような非常事態が起きた時は落ち着いて対応することが望まれます。

次に、店長の責任範囲で起きるリスクとして、会社内の戦略や出店・商品などの機密情報や店舗現場で収集した顧客の個人情報（名前・住所・電話番号・購買歴・職業・収入など）の情報漏洩リスクがあります。また、店舗現場での金銭のごまかし、商品の横流し、食品の消費期限偽装の問題、詐欺や悪質なクレームリスクも存在します。

さらに店長自身で気をつけなければならない労働時間や休日取得、性的嫌がらせであるセクシャルハラスメント、組織の中の上位者が職務権限や権力を使って部下に無理難題を強要したり、精神的に追いつめたりするパワーハラスメント等の労務問題リスクがあります。

ある店舗では、店長が不在の時に本部の幹部と名乗る人物が「当店で買い物をしたお客様から本部にクレームの電話が入ったので、店に立ち寄った」と言って来店したことがありました。そして、「これからそのお客様のところに行くのだけれど、商品を引き取るための現金を持ってくるのを忘れたので、店で5万円立て替えて欲しい」との要請がありました。すると店のスタッフは何の疑いもなく渡してしまったのです。翌日、店長が出社してその経緯

フレームワークで考えよう

店舗での不測事態への対応～リスクマネジメント～

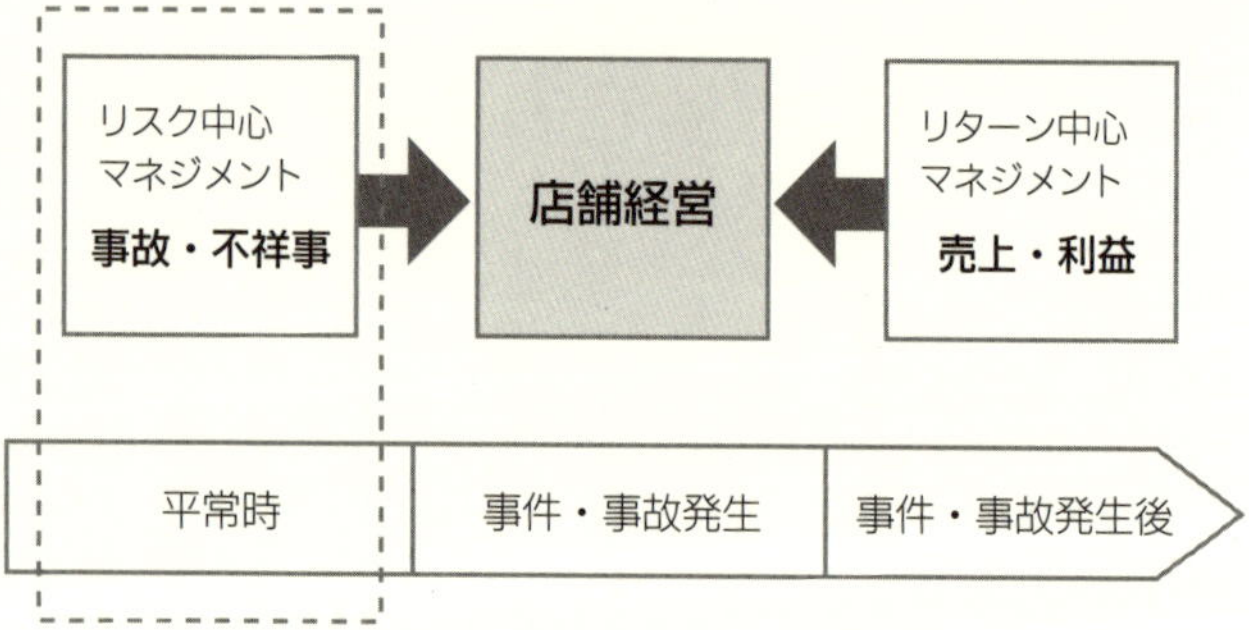

➡ 事前に危険を管理するのがリスクマネジメントである

を聞きますが、その幹部の名前は聞いたことがなく、おかしいと思い本部に電話すると、そんなことは本部も知らないとのことでした。結果的にまんまと詐欺に引っかかってしまったということです。

この例は、店舗現場での現金の出納の取り決めがなされていないために生じたケースです。

では、**リスクマネジメント**について考えてみましょう。

リスクマネジメントとは**危険管理**のことです。一般的に言われるマネジメントは売上を上げて利益を得るというリターン（儲け）中心の考え方ですが、リスクマネジメントは事前に危険を管理するブレーキ的視点の考え方です。つまり、事前に事故が発生しないようにするにはどうしたらよいか、仮に発生した場合にはどのように対処したらよいかを、発生するリスク毎に対応策を考えて、対処の方法を管理基準書などにまとめておくものです。

また、事件・事故が発生した場合には、すぐにこれらへの対応を図るクライシスマネジメント（危機管理）が求められ、事故後の処理としての各関係者、関連機関との対応を図るクライシスコミュニケーション（危機関連機関対応）が求められます。

店舗現場では、店長自身が店で発生するであろうと予測されるリスクを事前に認識しておき、事件・事故が発生した場合にはその対処方法を修得しておかなければなりません。

また、店舗の社員、パート社員、アルバイトも含めたすべてのスタッフにリスクマネジメントの考え方を事前に認識、理解させて、事前学習や訓練などを日頃から行なう必要があります。「備えあれば憂いなし」なのです。

4 章

店舗現場で使える計数管理

店長は店の責任者として
売上を上げて利益をつくるのが
最重要の仕事であり役割です。
4章では、売れる店づくりを実現するために、
売上高の構造、利益のつくり方、
生産性を高めるための考え方、
予算達成のための考え方について述べていきます。

1　売上高の構造を理解しよう

売場での計数管理、売場の数値、と聞くと、「数字が苦手だから」と言って逃げ出したくなる店長は多いでしょう。しかし、ちょっと待ってください。確かに計数は、とっつきにくいかもしれませんが、使い方を一度覚えてしまえば、簡単に使いこなすことができるのです。本項では、計数を店舗と売場と商品を関連付けて述べていくので、理解していただけるでしょう。

売上はお客様が来店して、商品を購入してもらった時に店に落とされるものです。多くのお客様が来て、一人ひとりのお客様がたくさんの商品をお買上げいただければ、当然、売上高は増加します。

つまり、売上高はお客様の数（客数）に一人のお客様の買上金額（客単価）で決まります。これを公式にすれば、「**売上高＝客数×客単価**」となります。

ここで店長に考えてもらいたいのです。単純に考えれば、自店の売上を上げるためには、客数と客単価を上げればよいのです。「そんなことは誰でもわかってる、それを店で実現するのが難しいのではないか」と言われる方も多いでしょう。

では、客数と客単価、それぞれを上げるためにはどうすればいいか、一緒に考えてみましょう。端的に言えば、店長が売上高の構造を知って、「よく売る店づくり」を実践することから始まります。

それでは、それぞれの構造を見てみましょう。

まず、客数ですが、これはお買上客数のことで、入店するお客様のうち、自店で何人買ってもらえるかという買上率で決まります。つまり、ここでの客数は、入店客数と買上率をかけたものです。

公式にすれば、「**客数＝入店客数×買上率**」となります。

入店客数と買上率を上げれば、客数も上がっていくのです。

入店客数を上げるためには、自店の商圏からどれだけ来店してもらうかを考えなければなりません。そのためには、ターゲット顧客に対して店のイメージをどのように訴求し、来店してもらうための販売促進策を考えることが必要です。

続いて、買上率を上げるためには、入店したお客様に対して、商品の魅力付け、店内環境、

ＰＯＰやディスプレイによる店内演出の強化、スタッフの販売力を強化することが必要とされます。

次に客単価ですが、お買上げいただいた一人ひとりのお客様の1品当たりの商品単価と買上げの点数で決まります。つまり、客単価は、買上平均商品単価と買上点数をかけたものとなります。

これも公式にすれば、**「客単価＝買上平均商品単価×買上点数」**となります。

ここで店長が考えるべきことは、買上平均商品単価と買上点数を上げればよいわけです。

買上平均商品単価を上げるためには、来店客層に合わせたマーチャンダイジング（商品政策）を展開して、売価と品揃えをコントロールしていくことが必要です。

続いて、買上点数を上げるためには、商品カテゴリー毎の主力商品の打ち出しと関連販売を強化します。また、回遊性を高めるための店内レイアウトの工夫と売れ筋・売り筋商品の訴求です。さらに、ＶＭＤ（ビジュアルマーチャンダイジング）、ＶＰ（ビジュアルプレゼンテーション）などの店内演出による関連商品のコーディネート販売の強化等のインストアプロモーションを強化する必要があります。

売上という数値も、このように分解すれば、日々行なっている店の運営の結果であることがおわかりいただけるでしょう。

フレームワークで考えよう

売上高の構造

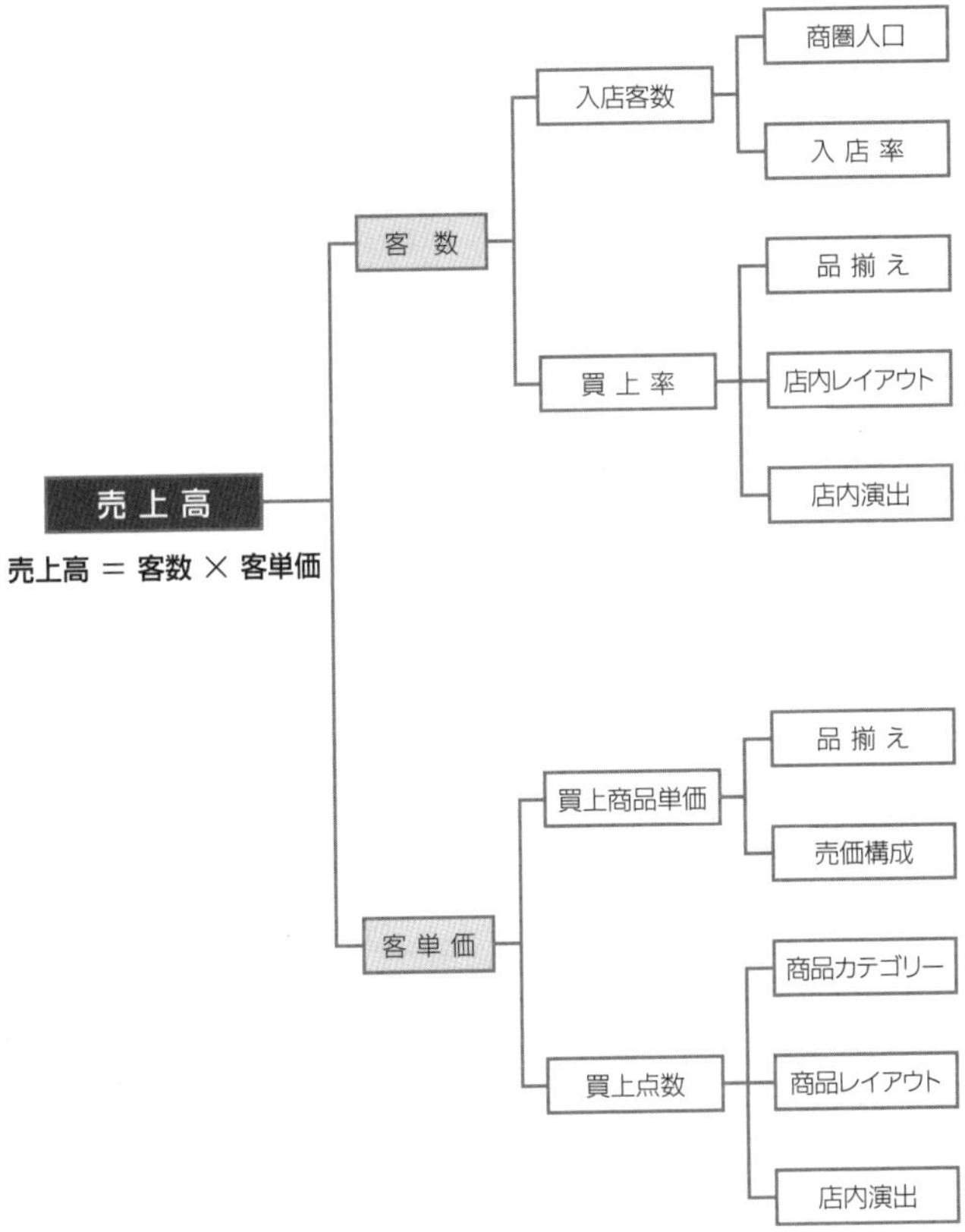

➡ **売上高の構造は、分解すれば、店長が日々行なっている店舗運営そのものなので、それぞれの機能をどのようにパワーアップすればよいかを店で実践しよう**

2 売上と利益の関係

売上とか利益という数値は、一度出してしまえばごまかしはきかないし、嘘もつかないと言われています。店長は与えられた予算の売上高・利益の達成、つまり、ごまかしも嘘もない結果を常に求められているのです。

それでは、売上高をつくる商品の価格、売価について考えてみましょう。

お客様は店が提供した商品に対して、**お客様が認めた価値と店側が設定した価格が一致した時に購入します**。例えば、１０００円の売価の商品の価値を認めれば購入するけれど、高いと思えば購入しません。売価とは、お客様がその商品を納得して購入したいと思う価格のことです。

極端な言い方をすれば、売価はお客様がその商品の価値を認めたことによって決まるので、店側の一方的な価格設定によって決まるものでないと言えます。個々の商品の売価は、その商圏内の市場や競合店の動向、その商品の価値を十分考慮したものでなければ、お客様から

料金受取人払郵便

神田局
承認
8501

差出有効期間
平成30年6月
19日まで

郵便はがき

101-8796

511

（受取人）
東京都千代田区
神田神保町1－41

同文舘出版株式会社
愛読者係行

毎度ご愛読をいただき厚く御礼申し上げます。お客様より収集させていただいた個人情報は、出版企画の参考にさせていただきます。厳重に管理し、お客様の承諾を得た範囲を超えて使用いたしません。

図書目録希望　　有　　無

フリガナ お名前		性　別 男・女	年　齢 才
ご住所	〒 TEL　（　　）　Eメール		
ご職業	1.会社員　2.団体職員　3.公務員　4.自営　5.自由業　6.教師　7.学生 8.主婦　9.その他（　　）		
勤務先分類	1.建設　2.製造　3.小売　4.銀行・各種金融　5.証券　6.保険　7.不動産　8.運輸・倉庫 9.情報・通信　10.サービス　11.官公庁　12.農林水産　13.その他（　　）		
職種	1.労務　2.人事　3.庶務　4.秘書　5.経理　6.調査　7.企画　8.技術 9.生産管理　10.製造　11.宣伝　12.営業販売　13.その他（　　）		

愛読者カード

書名

◆　お買上げいただいた日　　　　年　　　月　　　日頃

◆　お買上げいただいた書店名　（　　　　　　　　　　　　　）

◆　よく読まれる新聞・雑誌　　（　　　　　　　　　　　　　）

◆　本書をなにでお知りになりましたか。

1．新聞・雑誌の広告・書評で　（紙・誌名　　　　　　　　　）

2．書店で見て　3．会社・学校のテキスト　4．人のすすめで

5．図書目録を見て　6．その他（　　　　　　　　　　　　　）

◆　本書に対するご意見

◆　ご感想

●内容	良い	普通	不満	その他（　　　　）
●価格	安い	普通	高い	その他（　　　　）
●装丁	良い	普通	悪い	その他（　　　　）

◆　どんなテーマの出版をご希望ですか

<書籍のご注文について>

直接小社にご注文の方はお電話にてお申し込みください。宅急便の代金着払いにて発送いたします。書籍代金が、税込1,500円以上の場合は書籍代と送料210円、税込1,500円未満の場合はさらに手数料300円をあわせて商品到着時に宅配業者へお支払いください。

同文舘出版　営業部　TEL：03－3294－1801

の支持を得ることはできないのです。

店舗現場では、「この商品は仕入原価に対して価格を抑えているから、お買い得商品だ」という担当者もいますが、お客様側から見れば、店側の仕入価格やコスト、値入高や粗利高などは全然関係のないことです。

商品の価値が価格よりも低ければお客様は購入しません。商品の価値が価格より高ければお客様は購入します。

したがって、店側はお客様が納得する売価を設定することが重要です。つまり、店長が店で実行しなければならないことは、お客様が納得する価値を創り出すためのマーチャンダイジング・ミックス、店舗演出、販売促進等の運営を強化することなのです。

次に、利益について考えてみましょう。

店長には利益の確保という重要な役割があるので、お客様が納得する売価を設定するために、**目標利益を削ってまで価格を下げることはできません**。利益が伴わなければ、店も企業も成り立たないからです。したがって、店長は自分の与えられた環境の中で、利益を創出する責任があることをしっかり認識しなければなりません。

利益は次のように示すことができます。

売上高から、仕入れた商品の原価を差し引き、**売上総利益（粗利益）**が創出されます。そこから、店の運営に必要な経費、すなわち、人件費、水道光熱費、広告宣伝費、包装費、通信費、交通費、修繕費、減価償却費、地代家賃などを差し引いて**営業利益**が創出されます。

つまり、店を運営していくためには、計画した売上総利益（粗利益）の確保と、経費をまかない予算利益目標を確保するための営業利益を創出しなければいけないのです。

したがって、利益創出のために店長に求められるのは、どのように売上総利益（粗利益）と営業利益（店舗利益）を創り出すかということです。売上総利益（粗利益）は、商品政策、つまり、売れ筋と売り筋を考慮した**マーチャンダイジング・ミックス**をコントロールすることにより生み出されます。

次に、営業利益（店舗利益）の創出のために店長がコントロールすることは、**人件費管理**です。人件費は正社員の給料、パート・アルバイトの給料、賞与、福利厚生費などがあります。ここで、店長に要求されることは、営業利益創出のために単純に人件費を削ることでなく、いかに店のスタッフの能力を上げて人的生産性を高めるかです。

3 値入れと原価について理解する

商品を販売するにあたって、お客様から支持される売価を設定しなければ、お客様からの購入はないと述べました。その売価を設定するための、決められた手順が**値入れ**です。

商品の売価設定を店長が行なうことは、現実には少ないですが、店舗経営にとっては重要なことなので値入れについて、店長はしっかりと理解しなければなりません。

値入れの結果、出された利益を**値入高**と言います。値入高は、商品売価から商品仕入れ原価を差し引いたものです。逆に言えば、商品仕入れ原価に店側が考える利益、すなわち値入高を加えたものが商品売価となります。つまり、売価設定にあたって、店側が計画する売買差益（利益）のことを言います。

公式にすると、「**商品仕入原価＋値入高＝商品売価**」となります。

値入率は、値入高を商品売価で割ったもので、「**値入率＝値入高÷商品売価×１００**」と表せます。

例えば、仕入原価が６００円で、売価１０００円の商品であれば値入高は４００円となります。値入率は、４００円÷１０００円×１００となるので値入率は40%となります。

このように値入れは、商品売価の設定にあたって重要な役割を果たすことになるのです。

値入れは、個々の商品に対して行なうものですが、値入れを計画する際には次の点を考慮する必要があります。

まず、**確保する粗利益を明確に設定する**ことが必要です。

次に、商品の汚れ、品質劣化、破損による商品価値の低下や、仕入れの失敗による多くの商品の在庫処理、万引き、レジの打ち間違い、予想外の天候不順での売れ残り等による値下げや商品ロスが発生すると利益額が低下するので、これらを考慮した計画をすることが必要です。

さらに、チラシなどの特売広告などを打ち出した時には、売価が下がるためその分利益額が減少するので、これらの販売促進計画を考慮した計画をすることが必要です。

4 計画的に粗利益をとらえる

粗利益（会計上は売上総利益という）は、店の経営上、非常に大事な利益です。

人件費、水道光熱費、広告宣伝費、包装費、通信費、交通費、修繕費、減価償却費、地代家賃などの店の運営に使う経費は、この粗利益から捻出するので、経費よりも粗利益が少なければ、その店は赤字になります。

店長が一所懸命いくら売上を上げても、予定通りの粗利益が確保できなければ、店は成り立たないことになります。「利益を伴わない経営は罪悪」とも言われるほどです。利益を出せない店長はダメ店長と言われるのもこれと同じです。

粗利益高とは、売上高に対して現実に最終確保できた利益額のことを指します。粗利益率とは、粗利益高を売上高で割った割合を指します。「**粗利益率＝粗利益高÷売上高**」と表せます。

ここで、注意していただきたいのは、先ほどの値入額と粗利益額は異なるということです。

商品を販売するに際して、商品の汚れ、品質劣化、破損による商品価値の低下や、仕入れの失敗による多くの商品の在庫処理、万引き、レジの打ち間違い、予想外の天候不順での売れ残り等による値下げや商品ロスが発生するので、それに伴い損失が生じます。

つまり、事前に40％の値入率をとって売価を設定しても、商品の販売期間中にそれぞれの値下げや商品ロスが発生するので、最終的な粗利益率は40％以下になってしまうということです。

ここで、先ほどの事例をベースに売価、値入れ、原価、粗利益の関係について見てみましょう。

仕入原価が６００円で、売価１０００円の商品で値入高を４００円となる計画をしました。

値入率は、４００円÷１０００円×１００＝40％となります。

ここで、販売不振で在庫がかさんでしまったので、１品あたり２００円の値下げを行なって販売することにします。

この時の粗利益高は、最初の売価１０００円－仕入原価６００円－値下げ額２００円＝２００円となります。粗利益率は、粗利益高２００円÷実現売価８００円＝25％となります。

つまり、当初予定の値入率40％に対して、粗利益率は25％になってしまったということに

フレームワークで考えよう

商品売価・仕入原価・値入額・粗利益額の関係

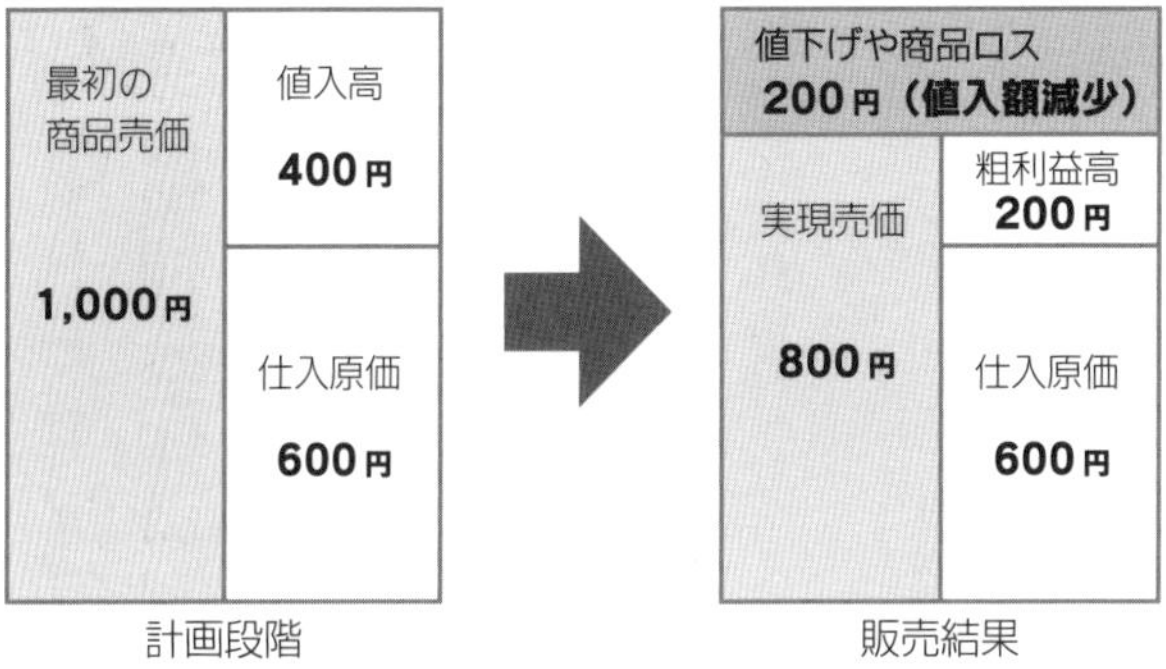

➡ **値入高と粗利益高の違いを理解しよう**

なります。

売価、値入れ、原価、粗利益の関係について整理すると、

値　入　高＝商品売価－仕入原価

粗利益高＝商品売価－仕入原価
－値下げや商品ロス
（値上げで販売した場合は＋）

となります。

このように、予定された粗利益を確保するためには、営業期間中に生じる値下げや商品ロスを考慮して値入れを計画しなければならないと言えます。値下げや商品ロスは店舗現場では必ず発生するので、これらを最小限にとどめる運営を心がけなければなりません。

5 マーチャンダイジング・ミックスで粗利益をコントロールしよう

マーチャンダイジング・ミックスとは何でしょうか。3章で述べたように、一般的に、**商品の組み合わせ**（品揃え）を指します。店長にとって売上をつくるために一番重要な業務と言えます。ここでは、このマーチャンダイジング・ミックスを展開することによって、売上をつくり、さらに、あるべき粗利益をどのように確保するかの考え方を解説していきます。

店長にとって、粗利益の確保は絶対条件です。しかし、日常の業務の中で、何の計画もなく漠然と商品を仕入れて売っているだけでは、計画通りの粗利益を確保することは難しいでしょう。

店舗現場で値入れをする場合、すべての商品について一定の値入率で値入れを行なうことはありません。また、店舗で取り扱っている商品すべてが同じ値入率で、現実の販売にあたって同じロス率になって、同じ粗利益率を確保できることは絶対にあり得ません。仮に、すべての商品に同じ値入率を採用するのであれば、何も考える必要はなく簡単そうですが、これでは、お客様から支持される価格設定をすることはできないでしょう。

前項でも述べたように、売価はお客様がその商品の価値を認めることによって決まるので、店側の一方的な価格設定によって決まるものではありません。つまり、商品個々によって決まるものなのです。

したがって、**商品個々に対してそれぞれ異なる値入率を設定して、最終的に店全体の粗利益率を確保する**ことが重要です。

つまり、店長には目標とされる粗利益率を確保するために、粗利益率の異なる商品をどのように組み合わせて品揃えし、販売するかが求められます。

このような考え方を店舗で実践するためには、マーチャンダイジング・ミックスに相乗積の考えを持って行なうと計画通りの店舗運営が可能になります。

相乗積とは、商品別粗利益率に商品別売上構成比をかけたものです。

つまり、個々の商品の相乗積の合計が、その店全体の理論（標準）粗利益率となります。すなわち、店として、どの商品をどれだけ売りたいか（販売計画）によって、店全体の標準粗利益率が確保できるということです。個々の商品をどのくらい売るか（販売計画）を設定するということは、店長の力量が問われるところです。

ここで、衣料品店の事例をあげて説明しましょう。

仮に、この店の商品は7品目で、それぞれの売上構成比、粗利益率は次の通りとします。

①シャツ（売上構成比25%、粗利益率30%）②パンツ（売上構成比20%、粗利益率50%）③スカート（売上構成比18%、粗利益率35%）④セーター（売上構成比15%、粗利益率28%）⑤スーツ（売上構成比10%、粗利益率45%）⑥ジャケット（売上構成比7%、粗利益率25%）⑦コート（売上構成比5%、粗利益率45%）

そうすると、それぞれの相乗積は、①シャツ…0・075、②パンツ…0・1、③スカート…0・063、④セーター…0・042、⑤スーツ…0・045、⑥ジャケット…0・0175、⑦コート…0・0225となり、それぞれの合計0・365＝36・5%がこの店全体の粗利益率となるのです。

ちなみに、粗利益率を原価率に置き換えれば、標準原価率が算出されるので、原価をベースに計画している店は置き換えて計算してください。

このように、自店で適切なマーチャンダイジング・ミックスが展開できるか否かが、デキル店長とダメ店長の分かれ目であると言っても言いすぎではありません。

フレームワークで考えよう

店全体の粗利益率の算出方法

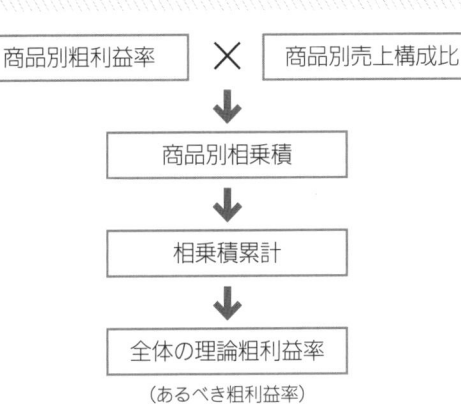

商品別粗利益率 × 商品別売上構成比

↓

商品別相乗積

↓

相乗積累計

↓

全体の理論粗利益率

（あるべき粗利益率）

➡ マーチャンダイジング・ミックスで粗利益率をコントロールしよう

品　名	売上構成比	粗利益率	相乗積
シャツ	25%	30%	0.075
パンツ	20%	50%	0.1
スカート	18%	35%	0.063
セーター	15%	28%	0.042
スーツ	10%	45%	0.045
ジャケット	7%	25%	0.0175
コート	5%	45%	0.0225
		全体の粗利益率0.365=36.5%	

➡ 売上構成比に粗利益率をかけて相乗積を出して、それぞれを加えると、この店の全体の粗利益率36.5%になる

6 人件費のコントロール ～労働生産性～

前述しましたが、店長が行なう計数管理で大きなウェイトを占めるのが商品原価と人件費です。

商品原価は粗利益の創出に大きなかかわりを持ち、人件費は営業利益（店舗利益）の創出に大きなかかわりを持ちます。

人件費は正社員の給料、パート・アルバイトの給料、賞与、福利厚生費などですが、これをコントロールすることが店長に求められます。

人件費をコントロールするとは、店舗利益創出のために単純に人件費を削ることでなく、**いかに店のスタッフの能力を上げて一人ひとりの売上、つまり生産性を高めるか**ということです。

このスタッフ一人あたりの生産性を、**労働生産性**と言います。

労働生産性は、店舗運営において経営資源を投入して労働力一人あたりの粗利益高を算出するもので、店長が店を運営するにあたって重要な意味を持ちます。

労働生産性が高いということは、店舗内に優秀なスタッフが揃っているということであり、店長がしっかりとスタッフを育成・指導した結果とも言えます。逆に、労働生産性が低ければ、スタッフの能力が不足していることになり、店長が能率・効率の悪い店舗運営をしていることを意味します。

労働生産性は、社員基準で考えると、一人当たり1日8時間勤務をベースで考え、一人当たりどれだけの生産性（粗利益）を上げたかを見るものです。つまり、粗利益額を全従業員数で割ったものです。この比率は高ければ高いほどよいものです。

また、**労働生産性は従業員一人当たり売上高に粗利益率をかける**ことによって求めることもできます。

例えば、従業員10人、売上1億8000万円、粗利益率40%の店の場合、粗利益高は、1億8000万円×40%＝7200万円となり、労働生産性は、7200万円÷10＝720万円となります。

次に、多くの専門店では、パート・アルバイトを採用している店舗が多いので、8時間換算の生産性だけをとらえていても細かい運営はできません。そのために、スタッフ1時間当たりどれだけの粗利益高を稼ぐかが重要となります。このスタッフ1時間当たり粗利益高を

フレームワークで考えよう

労働生産性とは

$$\text{労働生産性} = \frac{\text{粗利益高}}{\text{全従業員数}}$$

⇩

労働生産性 ＝従業員1人当たり売上高× 粗利益率

↓ ↓ ↓

$$\frac{\text{粗利益高}}{\text{全従業員数}} = \frac{\text{売上高}}{\text{全従業員数}} \times \frac{\text{粗利益高}}{\text{売上高}}$$

フレームワークで考えよう

人時生産性とは

$$\text{人時生産性} = \frac{\text{粗利益高}}{\text{総延労働時間}}$$

⇩

人時生産性 ＝スタッフ1時間当たり売上高× 粗利益率

↓ ↓ ↓

$$\frac{\text{粗利益高}}{\text{総延労働時間}} = \frac{\text{売上高}}{\text{総延労働時間}} \times \frac{\text{粗利益高}}{\text{売上高}}$$

人時《にんじ》生産性と言います。

人時生産性は、粗利益高を総延労働時間で割ったものです。

また、人時生産性は、スタッフ１時間当たり売上高に粗利益率をかけることによって求めることもできます。

先ほどの事例の店で、総延労働時間が１万９２００時間であれば、人時生産性は、７２００万円÷１万９２００時間＝３７５０円となります。つまり、この店は、スタッフ１時間当たり３７５０円の粗利益を稼ぐことになります。

このように、店長が効率のよい運営をするためには、スタッフ一人ひとりの能力向上に取り組むことが数値の上からも明らかになります。

7 労働生産性を高めるには

では、従業員一人当たり売上高をどのように高めるかについて考えてみましょう。

従業員一人当たりの売上高を高めるには、**従業員一人当たりの店舗での守備範囲を広げる**と共に**繁閑時のシフトコントロールを明確に設定すること、坪当たり売上高を高めることが必要**になります。

まず、従業員一人当たりの守備範囲を広げると共に繁閑時のシフトコントロールを明確に設定するための基本は、**店内作業の合理化・システム化**を図ることです。

具体的には、商品の品出し、商品整理のシステム化、客動線・サービス動線・作業動線の効率化を図ります。そして、スタッフが様々な業務を担当できるように、多能型スタッフを育成することです。さらに、土日、祭日、平日の時間帯別の客数に合った人員シフトを組み立てて、客数の多い時間帯にはスタッフの人数をしっかりと確保して販売機会損失を防ぐことが重要です。

続いて、坪当たり売上高を高めるためには、**店舗演出の強化・商品管理の強化とスタッフの販売力を向上させること**です。

店舗演出・商品管理については、店のイメージを主張した演出を心がけると共に、売れ筋については絶対に欠品を避け、死に筋商品については早めの段階で排除することを徹底します。次に、店の商品政策によって違いはありますが、品揃えの幅と深さをしっかりコントロールして販売機会を的確にとらえるようにします。

また、各客層への訴求力を高めるために、商品別にプライスラインとプライスゾーンを常に意識した売場づくりを図ることが必要です。

さらに、店内のインストアプロモーションを徹底強化して関連商品のコーディネート販売を強化して買上点数を増加させるようにします。

そして、商品回転率を高めて商品の高鮮度が実現できるように、正価で売り切るための販売力強化に取り組むことが求められます。

8 店舗での営業利益が店長の責任利益

ここまで、商品のコントロール、人のコントロールによって利益を創出することを述べてきましたが、店の最終段階である営業利益の創出のためには、これら以外の様々な経費をコントロールしていかなければなりません。

ここでは、経費の種類とコントロールの仕方について、損益分岐点売上高という考え方をベースに解説していきます。

損益分岐点売上高とは、利益も損失も生じない売上高のことです。

文字通り店舗運営活動における損と得の分岐点を指しています。どのくらいの売上を上げないと赤字になってしまうとか、どれくらい売ればどれくらいの黒字になるなど、赤字と黒字の分岐点をとらえようとするものが損益分岐点売上高です。これは、ただ単に損益分岐点を上回っている売上があるから安心だということのみならず、店舗運営の安全度を確かめることも必要になってきます。

損益分岐点売上高を求めるには、**経費を「固定費」と「変動費」に分けます**（費用の分解と言います）。

固定費とは、**売上の増減に関係なく常に一定にかかってくる費用**を言います。すなわち店が営業していようが、休みであろうが関係なく一定にかかる費用です。例えば、人件費、地代家賃、保険料、減価償却費、租税（固定資産税）などがあります。固定費はできるだけ抑えることが利益確保を図るポイントです。

変動費とは、**売上の増減にしたがって、増えたり減ったりする費用**です。すなわち店が忙しければ増加し、暇であればそれほど発生しない費用と言えます。例えば、売上原価、包装品費、手数料、広告宣伝費、消耗品費、通信費、一部の水道光熱費などです。

店の形態によって、固定費と変動費が混在しているものがあるので、管理する場合は店によって取り決めておくことが必要です。例えば、水道光熱費、通信費などがそうです。

損益分岐点を求めるには、固定費÷限界利益率で求められます。

限界利益率は、１－（変動費÷売上高）で求められます。

安全度を確かめるには、店の実際の売上高と損益分岐点売上高の差を見ます。これを見るには**安全余裕率**という指標を用います。安全余裕率は、１００％－損益分岐点の位置（損益分岐点売上高÷実際の売上高）で求められます。安全余裕率が大きいほど、その店の経営は安全運転していることになります。

例えば、次のような売上高、経費の店の場合の損益分岐点売上高を見てみましょう。

売上高５０００万円、売上原価３７５０万円、売上総利益１２５０万円、人件費５００万円、販促費１００万円、水道光熱費１００万円、修繕維持費80万円、地代家賃２５０万円、減価償却費60万円、その他経費89万円とします。

この中で、売上原価と販促費を変動費とした場合の損益分岐点売上高を出してみましょう。

フレームワークで考えよう 損益分岐点売上高の公式

$$\text{損益分岐点売上高} = \frac{\text{固定費}}{\left(1 - \dfrac{\text{変動費}}{\text{売上高}}\right)}$$

フレームワークで考えよう 損益分岐点売上高のグラフ

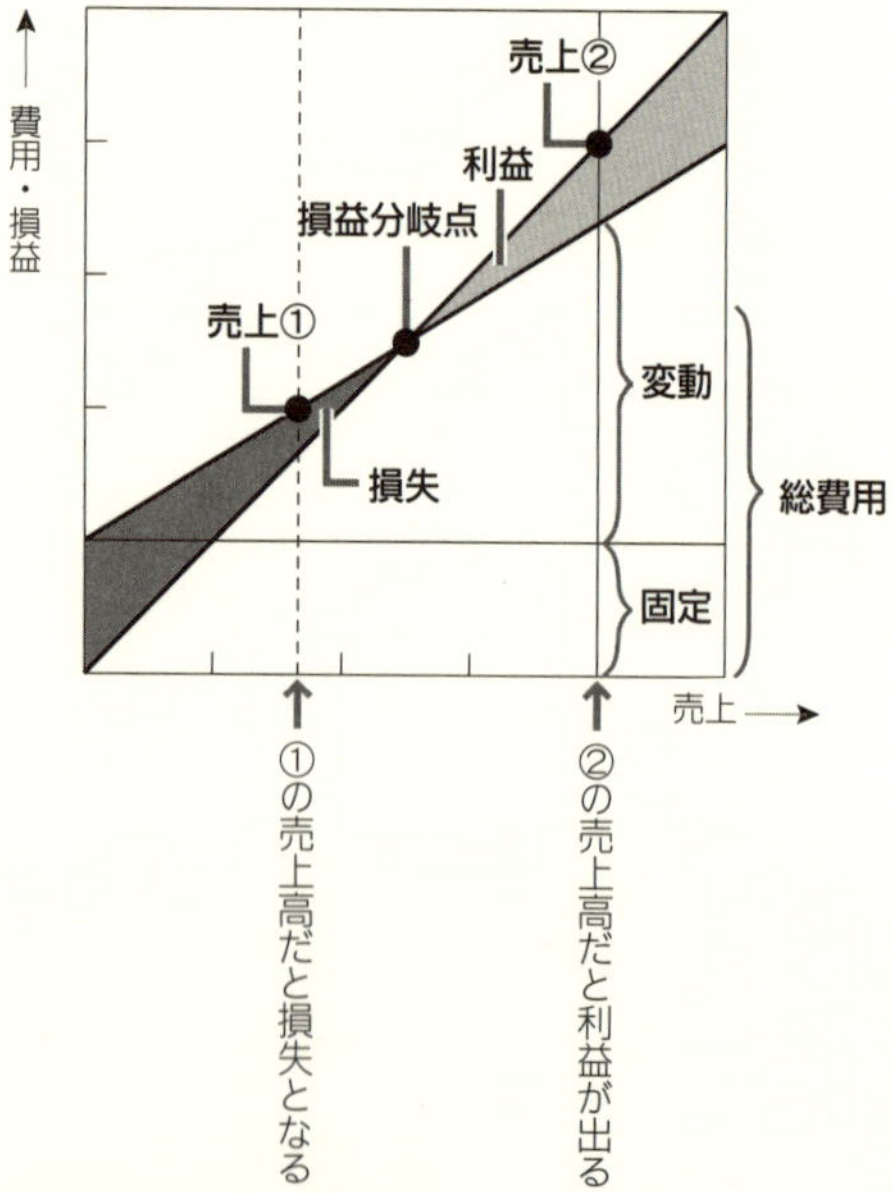

➡ 損益分岐点売上高を上回れば黒字になり、下回れば赤字になる

限界利益率は、１－（３７５０万円＋１００万円）÷５０００万円）で０・23（23％）となります。

損益分岐点売上高は、固定費合計（１０７９万円）÷０・23＝４６９１万円です。

つまり、この店の損益分岐点売上高は、４６９１万円であり、これ以上の売上を上げれば利益が出ますが、これを下回った場合は赤字になるということです。この店の場合では３０９万円の利益が出ていることになります。

続いて、安全余裕率を見てみます。安全余裕率は、１００％－（４６９１万円÷５０００万円）で６・２％となるので、この店の場合それほど余裕があるわけではないと言えます。

このように、店長は経費コントロールを常に心がけて、自店が黒字経営できるようにしなければなりません。

9 販売計画の立案と予算差異分析の考え方

ほぼすべての店で、1年間の売上予算が設定されています。何度も述べていますが、店長の仕事は決められた売上予算を達成することです。

売上予算は数値計画です。もちろん、その数値は本部が今までの売上実績や市場動向から算出したもので、しっかりとした根拠に基づいて設定されていなければなりません。

店長の仕事は、この与えられた売上予算をどのように達成していくかを考え、実行していくことです。販売計画とは、売上予算を達成するため、すなわち利益をつくり出すための計画です。

そのためには、**1年間をベースに、半期・四半期・1ヶ月単位で具体的に設定する**ことが求められます。

それぞれの期間単位の計画にあたっては、予算数値達成のために、店舗演出計画、売場づくり、品揃え計画、販売促進計画、カテゴリー別・アイテム別数量計画、スタッフの配置などのオペレーション計画等の店舗運営計画を具体的に設定しなければなりません。

通常、売上予算は1年間で設定され、これを12ヶ月の各月単位に割り振ることが一般的です。

各月に割り振る場合には、それぞれの月の売上動向を見て設定されています。設定については、月別季節指数を算出する月別平均法という手法で、次のように設定します。

まず、2～3年間分の月別売上実績に基づき、それぞれ**各月の平均値①**を求めます。

次に、**各月の①を合計し、それを12（ヶ月）で割って年間の月平均値②**を求めます。

そして、①を②で割り、１００（%）をかけると各月の季節指数が算出されます（各月の季節指数は百分率で求められるので、12ヶ月分を加えると１２００（%）となる）。

公式は、「**各月の季節指数＝（①÷②）×１００（%）**」となります。

続いて、次年度の月別売上予算を設定するには、あらかじめ決められた年間売上予算に各月の季節指数をかけて、それを１２００で割って算出します。これを、それぞれ月毎に算出していくのです。

つまり、「**各月の売上予算＝年間売上予算×（各月の季節指数÷１２００）**」となります。

例えば、ある婦人衣料品店の２０１１年度月別予算を設定してみましょう（ここでは２ヶ年の実績をベースに見ます）。

この店の２０１１年度の売上予算は１億２０００万円です。

２００９年度の年間売上実績は１億９５０万円で、各月の売上は１月１２００万、２月６５０万、３月８００万、４月９５０万、５月９００万、６月８５０万、７月１０５０万、８月８５０万、９月７００万、10月８００万、11月８５０万、12月１３５０万でした。

２０１０年度の年間売上実績は１億１０３０万円で、各月の売上は１月１３００万、２月６８０万、３月７８０万、４月９３０万、５月９５０万、６月８３０万、７月１１００万、８月８７０万、９月７２０万、10月７８０万、11月８４０万、12月１２５０万でした。

各月の平均売上と季節指数は次の通りです。１月１２５０万／１３６・５％、２月６６５万／72・６％、３月７９０万／86・３％、４月９４０万／１０２・６％、５月９２５万／１０１％、６月８４０万／91・７％、７月１０７５万／１１７・４％、８月８６０万／93・９％、９月７１０万／77・５％、10月７９０万／86・３％、11月８４５万／92・３％、12月１３００万／１４１・９％でした。

そして、２０１１年度の売上予算１億２０００万円に各月の季節指数をかけて、１２００で割るとその月の売上予算が設定されることになります。

フレームワークで考えよう

販売計画のサイクル

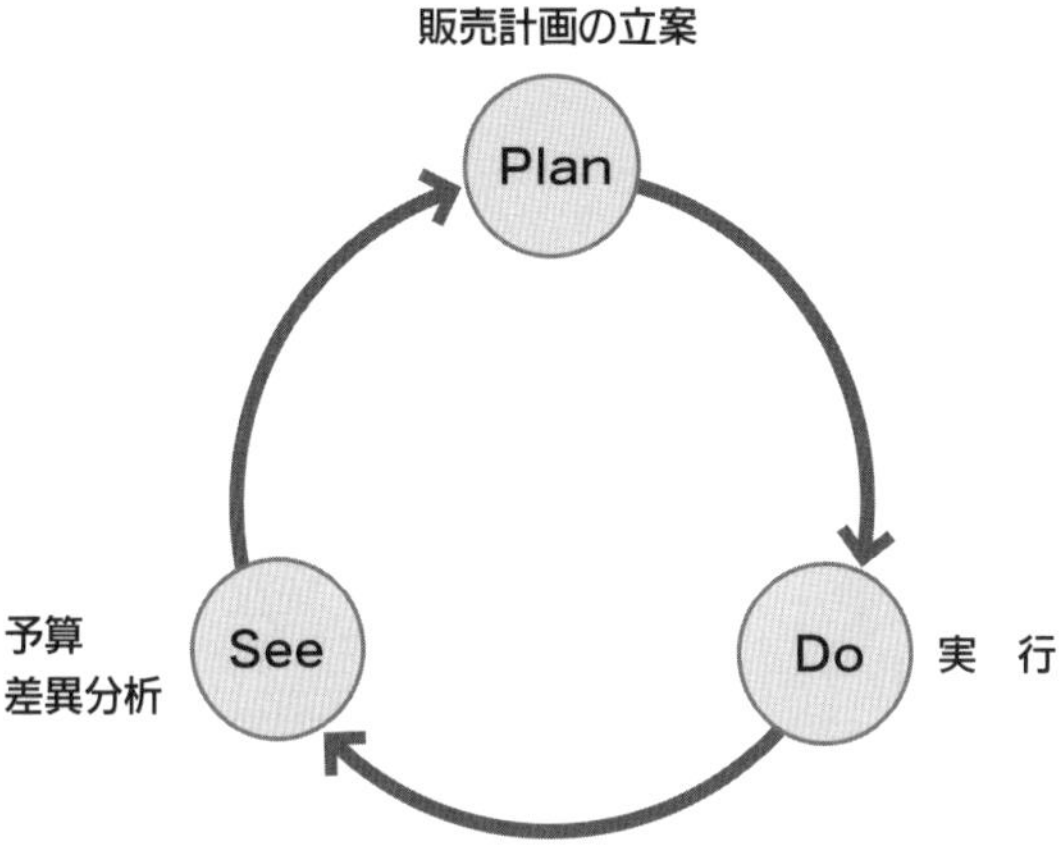

事例「婦人衣料品店の2011年度月別予算」

（万円）

年月	1月	2月	3月	4月	5月	6月
2009	1200	650	800	950	900	850
2010	1300	680	780	930	950	830
計	2500	1330	1580	1880	1850	1680
①(平均)	1250	665	790	940	925	840
指数	136.5	72.6	86.3	102.6	101.0	91.7
2011	1365	726	863	1026	1010	917

年月	7月	8月	9月	10月	11月	12月	計
2009	1050	850	700	800	850	1350	10950
2010	1100	870	720	780	840	1250	11030
計	2150	1720	1420	1580	1690	2600	21980
①(平均)	1075	860	710	790	845	1300	10990
指数	117.4	93.9	77.5	86.3	92.3	141.9	1200
2011	1174	939	775	863	923	1419	12000

②月平均値＝10990÷12ヶ月＝915.8

➡ 2011 年度の売上予算 1 億 2000 万円に対して、季節変数を考慮して各月の月別予算が設定される

２０１１年度の各月の売上予算は、１月１３６５万、２月７２６万、３月８６３万、４月１０２６万、５月１０１０万、６月９１７万、７月１１７４万、８月９３９万、９月７７５万、10月８６３万、11月９２３万、12月１４１９万となりました。

このように、店長は自店でどのように予算が割り振られているかを理解しなければなりません。これを理解していなければ具体的な販売計画を立てることはできないですし、現場でマネジメントすることもできません。

販売計画を立てれば、次は実行するのみです。そして、各月毎に結果に対しての実績検討を行ないます。つまり、３章で述べたＰＬＡＮ（販売計画）→ＤＯ（実行）→ＳＥＥ（予算差異分析）の展開となります。

予算差異分析は、数値結果に対してのみ行なうのではなく、店舗運営活動すべてのプロセスについて検討しなければならないと言えます。

5 章

接客・販売力強化のポイント

店全体の売上を上げるポイントは
接客力・販売力を強化することです。
そのためには、店のスタッフ全員のスキルを
上げることが重要です。
5章では、店長として店全体の
接客力・販売力をどのように
強化していくかについての考え方、
指導ポイントを解説します。

1 顧客心理を知る ～AIDMA・顧客満足向上～

自店がよい商品を提供していると思っていても、来店されるお客様が買ってくれない・利用してくれないことには、店の経営は成り立ちません。

お客様から見た店の評価は、利用する前の「どんな商品があるのかな、楽しみだな」という期待と、購入した後に「買ってよかった」という、利用前と利用後の比較によるものです。

したがって、店長としては、来店されるお客様が自店にどのような期待を持って来店されるかをしっかりつかんでおく必要があります。さらに、お客様の期待値はいつも決まっているものではなく、常に新しい情報、新たな体験などの新しい刺激を求めているということを理解しなければなりません。

このような心理状態でお客様はいろいろな店と比較して、その結果、買い物をしたり、飲食したり、サービスの提供を受ける店を選択しているのです。

この選択基準になるのが、「**顧客満足**」です。

フレームワークで考えよう

顧客満足と顧客の行動

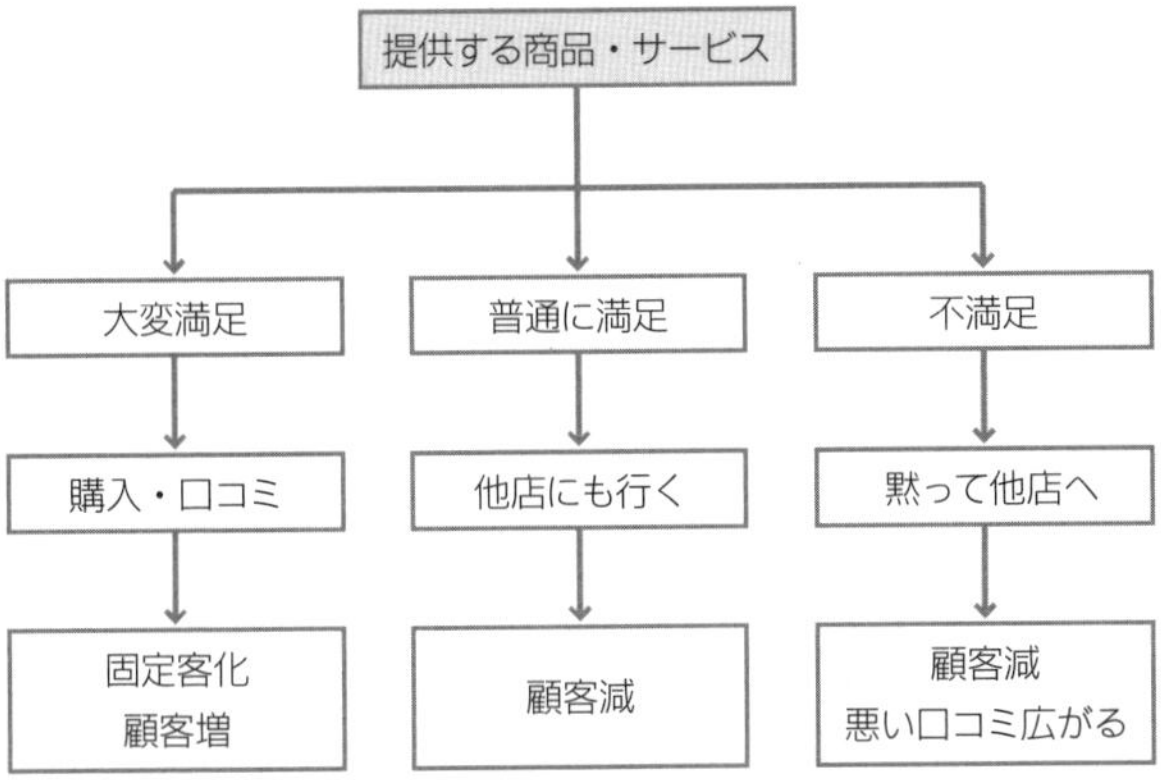

➡ **店舗スタッフは、お客様の購買心理をよく理解して接客しなければならない**

店が提供する商品、サービスに対する顧客満足度は、顧客数の増減に大きく関係しています。店の提供する商品・サービスにとても満足していれば、顧客は購入し、結果、固定客につながったり、口コミで伝えてくれたりして、顧客数も増えていくのです。

普通程度の満足度であれば、他店と比較しながら、他店に移ってしまい、その結果、顧客は減少することもあります。

逆に、店の提供する商品・サービスに不満足であれば、ほとんどの顧客は何も言わずに黙って他店へ行ってしまい、客数は減少します。

またある場合には、クレームになり、その対応が悪ければ、もちろん、その店を二度と利用する気にはならないでしょう。さらに、悪い噂が口コミで広がり、顧客が減少する要因となります。一方で、クレーム対応がよい場合は、固定客化につながるケースも少ないながらあります。


店長としてはこのような顧客の購買心理を知る必要があります。

顧客の購買心理・購買行動の分析で有名なものに「**ＡＩＤＭＡモデル**」があります。顧客が商品やサービスを購入するに至るまでの心理の過程を示したものです。

顧客はまず店舗演出や店頭陳列などによって商品を注意・注目して認知し（Attention）、次に興味を抱き（Interest）、さらにそれに対する欲求が喚起され（Desire）、その商品を記憶し（Memory）、そして最終的に購買行動を起こす（Action）とされています。

これらの頭文字を取ってＡＩＤＭＡモデルと言います。

このステップを、買い物の際のお客様の心理状態の変化で具体的に見てみましょう。

①Attention（注意）　「あっ、何かしら、気になるわ」

フレームワークで考えよう

AIDMAモデル

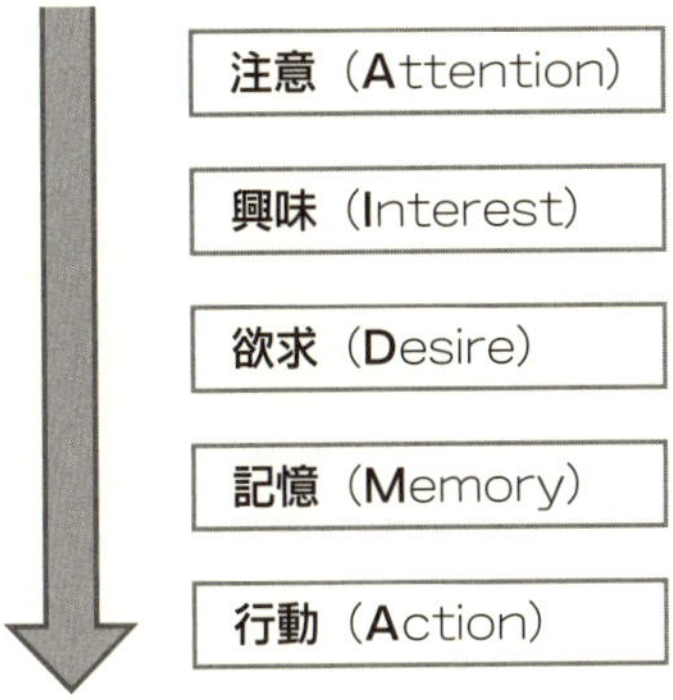

②Interest（興味）「まあステキ！　ちょっとのぞいてみよう」

③Desire（欲求）「コレいいな、欲しいな」

④Memory（記憶）「どんな服と合うかしら、ちょっと他の店も見てみたほうがいいかな」

⑤Action（行動）「やっぱりこれにしよう。これください！」

このようなお客様の心理状態の変化を理解し、今いらっしゃるお客様がどの段階にあるかを見極めることで、より効果的な接客のアクションにつなげることができるのです。

2 接客のストーリーを理解する

店全体の接客サービス・販売力を向上させることが、売上を上げるために重要であることは店長なら誰でも知っていることでしょう。そのためには店長自身が自店に合った接客スキルを身につけ、スタッフを育成しなければなりません。そして、スタッフが育ち、店全体の接客力・販売力が向上することにより、売上増につながります。

スタッフ育成については6章で詳細しますので、ここでは指導するための自店の接客ストーリーづくりについて述べていきます。

「**接客ストーリー**」とは、お客様が入店する前から、入店後、アプローチ、商品説明、クロージング、レジ、お見送りまでの一連の流れを指します。

ここで、店長として考えてもらいたいことがあります。

自店での接客ストーリーはどのようになっているでしょうか。多分、大多数の店長は感覚的にはわかっているでしょうが、自店用にしっかりとまとめたシナリオはないのが実情でしょう。しかし、この接客ストーリーを自店用に整理して、これをベースにスタッフ育成に活用していくことが、店全体の接客力・販売力強化の近道なのです。

弊社、株式会社ケイ・エス・コンサルティングでは、接客力・販売力の強化を目的とした「接客サービス実態評価（CS調査）」というミステリーショッパーを毎年延べ数千店で行なっています。その際の評価項目を基に実務的に接客ストーリーについて解説していきます。

まず1つ目として、お客様は、**店舗の雰囲気・売場の演出について興味を示し、入店するかどうかの判断をします**。

具体的には、外から見て目を引くものがあるか、エントランスは入りやすいか、歩きやすいレイアウトか、店内のデザインや調度品は洗練されていて、商品やサービスの特徴がわかりやすい演出になっているか、また、整理整頓・衛生面はしっかり管理されているか、などを見ていきます。

ここで店長が心がけなければならないことは、自店のコンセプトをしっかりと理解することで、それに基づいて作成したポリシーを売場に反映させると共に、スタッフ全員に浸透させることです。

２つ目に、入店後の**スタッフの基本接客マナーができているか**を判断します。具体的には、スタッフが明るくいきいきした表情で、きびきび動いていて店に活気があるかを見ていきます。そして、スタッフの身だしなみ、お客様の動作をしっかりとらえるような目配りができているか、気持ちのよい笑顔で接して、接客の基本用語をしっかり使った丁寧な話し方をしているかを見ます。

ここで店長は、顧客満足（ＣＳ）の前に、従業員満足（ＥＳ）についても配慮することです。前述しましたが、働いているスタッフが暗い顔をして働いているような店では、お客様は買い物をしていても楽しさを感じません。お客様は、スタッフが明るく笑顔で働く店で、スタッフとの交流を楽しみながら買い物をすることを望んでいます。これらのことをベースに接客基本マナーについての自店の方向性を明確に示すことが必要なのです。

３つ目に、**お客様へのアプローチがスムーズに展開されているか**を判断します。具体的には、お客様へのお出迎えの挨拶ができているか、そしてタイミングのよい自然なアプローチをしているか、お客様のニーズ・ウォンツの引き出し方はできているか、そして、お客様の投げかけの言葉に対して、しっかりと聞く態度ができているかを見ます。

ここで重要なのが、自店の接客方針を明確に打ち出すことです。例えば、専門店でもセルフ販売をとっているところがありますが、その際の対応なども自店に合わせて明確に示すことが大事です。

4つ目に、お客様に対して**商品の説明や販売の姿勢がスマートな展開をしているか**を判断します。具体的には、お客様に商品を説明する際の商品知識は豊富でわかりやすい説明だったか、お客様の質問に的確に答え、納得性があるかどうか、さらにニーズ・ウォンツに合った提案をしているか、また、提案の際にしつこさや押し付けがましさなどがなかったか、自信を持った対応で、買う気にさせる口説き文句などを上手に使っているかなどを見ます。

ここで店長が心がけなければならないことは、スタッフの商品知識を徹底的に強化することです。**専門店の強みはスタッフが商品について精通していること**です。自店の特性に合わせた展開方法を店長が示すことが必要です。また、セルフ業態の店の場合についても商品知識を強化することは重要で、説明ができるようにスタッフを教育する必要があります。

最後に、**レジ対応とお見送り**について判断します。具体的には、レジの対応や金銭授受はしっかり迅速に行なっているか、お渡しの際の商品の取り扱いや包装などはお客様の要望に沿って丁寧に行なっているか、退店の際は心のこもったお見送りをしていたかどうかについて見ます。

お客様が受ける印象は接客のフィニッシュでのウェイトが非常に高く、それまで素晴しい接客をしていても、この部分でお客様に悪い印象を与えると、すべての印象が悪くなる場合があることを認識しましょう。

3 接客サービスの基本は徹底する

売上をアップするためにスタッフの接客力・販売力を強化することは絶対条件ですが、それらのスキルを上げるためには、徹底した現場指導が必要です。しかし、いきなり上級クラスのスキルが身につくものではありません。**接客サービスは基本をしっかりとマスターして、日々の訓練により、ハイレベルの技術が身につくもの**なのです。

ここでは、店長がスタッフに対してどのように接客サービスの基本をマスターさせればよいかについて、ポイントを絞って解説します。そして、店舗現場ですぐに店長が実践できるような構成にしています。

接客サービスの基本は、お客様によい印象を与える美しい立ち方・歩き方・お辞儀の仕方・笑顔です。

スタッフにお客様を思いやる心がどんなにあっても、それが外見に表れていなければなかなか伝わらないものです。**店舗スタッフ一人ひとりの行動・動作が店舗のイメージそのものになる**ことを忘れないようにしましょう。

接客サービスとは、言葉と態度で表現し、身体全体で行なうものであると言えます。

そのためには、スタッフのいつも明るい表情・機敏な動作、そして元気に響く声が大切な要素です。それらのすべてが揃って、「感じがよいサービス」と評価されるものです。

つまり、「よいサービスの決め手は、スタッフの態度そのもの」と言えます。

また、お客様に言われたことを言われた通りに行なえることは大切ですが、それだけでは心が伝わるおもてなしとは言えません。**お客様が何を求め、何を望んでいるかを知り、積極的に取り組むスタッフの姿勢**が一番大切なことです。

それではここで、店舗現場で店長が実践する「接客サービスの基本」指導ポイントを整理しましょう。

接客サービスの基本は、「立つ姿勢」「歩き方」「お辞儀の仕方」「笑顔」の4要素からなります。

▪立つ姿勢の基本

まず、かかとを付けて爪先を男性の場合は15㎝（45度）、女性の場合は12㎝（30度）程度開きます。次に、お尻を軽く後ろに引いて、胸を少し張ります。続いて、首をまっすぐ伸ばして、肩と耳が一直線になるようにし、あごを少し引き加減にして、唇の端を2～3ミリ上に持ち上げる気持ちで結びます。さらに、目は水平な視線で前方を見るようにします（お客様の目を見る）。

手の指は揃えて、親指を軽く握る気持ちで手の中に入れて、手のひらは少しくぼめ加減で心持ち丸みを持たせるようにして左手を上に重ねるようにします。

▪歩き方の基本

基本は胸を軽く張り、背筋を真っすぐに伸ばします。まず、店内を歩く時はお客様の動線を避けるようにします（お客様の前を横切ったり、ぶつからないようにします）。お客様の前ではゆっくりと、離れたら迅速に歩くようにします。急ぐ時でも決して駆け足をしません。手は大きく振らないようにし、音を立てて歩いたり、べた足にならないようにします。

■お辞儀の仕方

お辞儀には、敬礼・普通礼・最敬礼の3種類あるので、それぞれの使い分けについてしっかりと理解させましょう。

敬礼とは相手に対する敬いの気持ちを表すもので、丁寧な礼を指し、45度のお辞儀が基本です。敬礼の動作は、すべて呼吸に合わせて行ないます。まず、心のこもった誠実な眼差しで相手の目を見て挨拶します。この時、相手の目を見て礼をしなければ、相手に対する敬意が伝わりません。そして、息を吐きながら上体を下げていきます。息を吐いたまま、上体を下げて止まります。上げる時は、ゆっくりとそのまま吸う息で上体を起こします。敬礼は、心からお詫びする時などに使うものです。

普通礼は、日常生活で最も多く使う礼で、30度の礼が基本です。まず、相手の目を見て正しい姿勢で立ちます。左右の腕は身体から放さないようにし、両手を軽く重ねます（基本は左手が上）。そして、上体は伸ばしたまま腰から折ります。続いて、爪先から1メートル50

センチ先の床に視線を止め、動作も止めます。最後に、上げる時は、ゆっくりとそのまま上体を起こします。この普通礼は、通常のお客様のお迎え・お見送りの時に使います。

会釈は、目下の人に対してやあるいは軽い礼のことで、お辞儀の角度は15度が基本です。相手の目を見て正しい姿勢で立つのは同じです。普通礼と同じように左右の腕は身体から離さないようにし、両手を軽く重ねます。そして、上体は伸ばしたまま腰から折り、つま先から2メートル先の床に視線を止めて、動作も止めます。最後に、上げる時は、ゆっくりとそのまま上体を起こします。会釈は、お客様と店内ですれ違う時などに使います。

■ 笑顔について

スタッフがお客様にどんなに熱心にサービスしても、そこに「笑顔」がなければ、心を伝えることはできません。

明るい笑顔は、お客様の心を開き、楽しい買い物をしてもらうシグナルです。スタッフの素直な心といきいきした笑顔が接客サービスの最も重要な要素です。スタッフのいきいきとした笑顔はスタッフ自身の努力によって形成されます。これは毎日のトレーニングの徹底を図ることが必要です。

4 お客様のお出迎えからお見送りまでの実践①
～お出迎えからアプローチ～

ここから、接客ストーリーの具体的な展開例について、店長が自店でどのように展開していくかを考えます。先に述べたように弊社、株式会社ケイ・エス・コンサルティングで行なっているチェックポイントに基づいて解説していきますので、自店に置き換えた時、どのように展開するのがよいか考えてみてください。

まずは、２つの接客事例を見ていただきます。

最初にスムーズな展開例です。

レディスアパレルショップの事例です。店頭のマネキンはナチュラルにコーディネートされ、一目でこの店のコンセプトが伝わります。スタッフも店舗のブランドのものと思われる服装で、商品イメージが膨らみます。

２名いたスタッフは売場で商品整理をしながら「いらっしゃいませ」と声出しをしています。入店の際にはきちんとお客様に向けた挨拶があり、好印象です。

売場を一回りし、気になった商品のところで立ち止まって手に取っているお客様にスタッフが近づき「どうぞ広げてご覧くださいね」と笑顔でアプローチがあります。絶妙なタイミングのアプローチです。その後少しして「そのカットソー、ワッペンがついているんですよ」と声がけがあるので、話しやすい雰囲気があります。

次に、少しギクシャクした展開例を見てみましょう。

ファミリー雑貨店の事例です。店内は広く、スタッフも多くいます。スタッフのユニフォームは目立ち、店内でもすぐに探すことができます。店内には、各ブランドのロゴのPOPが貼られ、ディスプレイ場所がわかりやすく表示されています。

スタッフは商品整理や品出しに追われ、誰ひとりお客様に対して「いらっしゃいませ」の挨拶はありません。スタッフの横を通っても知らん顔です。非常に印象はよくありません。

商品も床に置かれていたり、箱が積み上げられていたり、スタッフが店内整理をしている割には雑然としています。いつまで経ってもスタッフはお客様にアプローチをする気配はありません。

以上のように、スムーズな展開例と少しギクシャクした展開例を見ていただくと、明らかにその違いがおわかりいただけたと思います。

これらのケースを参考にお出迎えからアプローチのあるべき姿について解説します。

最初に、待機からお客様のお迎えについてです。

すべてのお客様が、購入するために来店されるわけではありません。**来店されたお客様にとって何が一番満足するのかが重要**です。お客様が入店してもすぐには近づかずに、店内の商品を見てもらいましょう。アプローチのチャンスまで、お客様に気を使わせないようにすることが大切です。

この時の、待機のポイントは、何かの仕事をして動きながら（動的待機）、明るい表情で、お客様への目配りをしっかりして待機することです。

お客様のお迎えは、タイミングよく、アイコンタクトをしっかりして、笑顔で、声のトーンに注意して明るくお迎えすることが大事です。

次はアプローチについてです。お客様が来店した途端に、すぐに横についてまわる接客は、お客様に威圧感を与え、逆効果です。**お客様が商品を手に取るなどの興味を持った瞬間や疑問を持たれた瞬間がファーストアプローチのタイミング**です。

例えば、「そちらの商品は昨日入荷したばかりなんですよ」などというように、お客様が興味を持った商品に対して話しかけることで、自然なアプローチが行なえます。そして、会話の中でお客様のニーズ・ウォンツを導き出しながら、ニーズ・ウォンツに合った商品をおすすめすることが、売れる接客・販売につながります。

あくまでも自然体でお客様がストレスを感じることなく、気持ちよく商品を購入していただくことがポイントです。そのためには、動的待機をしながら時々お客様に目配りし、お客様の心理状態を知り、一定の距離を保ちながら、タイミングのよい声がけをすることです。声がけには、興味をひかれるようなアプローチトークを工夫して行ないます。

5 お客様のお出迎えからお見送りまでの実践②
～お客様との会話からプレゼンテーション～

まずは、2つの接客事例を見てください。

最初にスムーズな展開例です。

玩具店の事例です。店頭にゲーム機が並び、店内は子供たちで賑わっています。入店するとスタッフから「いらっしゃいませ」と笑顔で挨拶があります。お客様が気になった商品の素材を尋ねると、スタッフはすぐに商品を箱から出して「素材は紙ですね」と応えながら、商品を渡し、確認させてくれます。同じキャラクターのコーナーで「SoldOut」の札のある場所を指し、「これはないのですか？」と尋ねると、スタッフは「すみません。人気のあるキャラクターなので、すぐ品切れになってしまい入庫待ちですが、今朝入庫された商品の中にあるかもしれないので、確認してきましょうか」ときびきびと機転のある対応をします。キャラクターの名前や商品の使用方法を尋ねてもすぐに応えが返ってきて、商品についてよく勉強し、商品知識の豊富さと熱意を感じます。

スタッフは子供の質問にも笑顔で丁寧に応えています。スタッフの柔らかい表情が子供たちに親しみと信頼を与えているようで、子供たちは笑顔で楽しそうにしていました。

次に、少しギクシャクした展開例を見てみます。

レディスファッションショップの事例です。店舗は非常に目につきやすい位置にありますが、ゴールデンゾーンに置かれた商品が目立つだけで、特徴の打ち出しが非常に弱い印象を受けます。

セール中でプライスダウンの商品が店頭に並び、多くのお客様で賑わっています。スタッフ2名はレジ内にいて声がけもアプローチをする様子もどのお客様に対してもありません。お客様が、レジ場にいるスタッフに「このサイズ違いはありますか?」と尋ねると、スタッフは売場を探すことなく「こちらは出ているだけです」と応えますが、笑顔がなく印象はよくありません。販売意欲も感じません。試着をお願いすると、スタッフは「こちらへ」と案内してくれますが、試着後「ちょっと小さいかな」と尋ねても、「う〜ん」とそれ以後の反応はありません。
「この素材は、洗うと縮みますよね」と尋ねても、「綿素材なので」と、この答えも中途半端です。すべてがお客様任せの応対です。どのお客様とのやり取りも、同レベルの応対でした。お客様との会話も提案もほとんどありません。

これらのケースを参考に、お客様との会話からプレゼンテーションの展開のあるべき姿について解説します。

最初に、お客様との**会話からのニーズチェック**についてです。

専門店に来られるお客様は、ある意味、店舗スタッフとの会話を楽しんでいると言ってもよいでしょう。お客様との会話にあたって、スタッフに要求されるものは**「聞く」技術**です。お客様は、スタッフからの一方的な話よりも、自分の要望を聞いてもらいたいと思っています。つまり、スタッフはお客様との会話の際は、お客様の話を聞く態度をしっかりして、聞き上手でなければなりません。また、限られた時間の中でお客様の要望（ニーズ）をしっかり聞き出すことが重要です。つまり、ニーズチェックを工夫するのです。

2つ目に、**商品説明（プレゼンテーション）**です。商品説明では、お客様が知りたいこと、不安に思っていることを中心に説明することが基本です。また、接客担当のスタッフにどんなにサービスマインドがあっても自店で扱っている商品についての知識が不足していれば、すべてが台無しになってしまいます。

売りをつくる接客は、商品知識がベースとなることを店長は再認識しましょう。スタッフには、商品知識が豊富でわかりやすい説明ができるか、お客様の質問に納得できる説明ができるか、お客様のニーズに合った提案やおすすめができるか、などが求められます。

6 お客様のお出迎えからお見送りまでの実践③
～クロージングからお見送り～

この項では、クロージングからお見送りまでの展開のあるべき姿についてについて解説していきます。

まずは、2つの接客事例を見てみましょう。最初にスムーズな展開例です。

メンズショップの事例です。商品を探し、売場まで案内してくれたスタッフは、ニーズ確認をしっかりしてくれます。こちらが「職場の同僚に、バレンタインにいいかなと思って」と言うと、「そうなんですね。こちらは短いタイプになります。こちらはスタンダードな長さの物でスーツに合います」と説明があります。アイコンタクトをしっかり取り、明るく朗らかな笑顔が好印象です。「色違いはこちらです」等、とても親身で、こちらが迷っていても笑顔で待ってくれます。「紺色のスーツが多いのでしたら、こちらのタイプがいいと思います」と勧めてくれるので購入を決めました。

会計はテキパキかつ丁寧です。こちらがお願いする前に「包装しますので、どうぞ店内をご覧になってお待ちください」と声がけがあります。包装を終えると足早に持ってきて「お待たせいたしました。またお待ちしております」と感じのよい笑顔でのお見送りがありました。また、この店で買い物しようという気になりました。

次に、少しギクシャクした展開例です。スポーツショップの事例になります。

こちらが店頭前にある腕時計をじっくり見ていてもスタッフの積極的なアプローチはなく、こちらから女性スタッフに声をかけました。スポーツ用の腕時計を尋ねると、「こちらの商品は大丈夫だと思いますね」とすぐに応えます。続いてこちらが他商品を指差しスポーツ用か尋ねると、「少々お待ちください」と言いながらスタッフはカタログを確認します。確認作業に手間取っています。スタッフからのおすすめも、販売意欲もあまり感じません。時計は買わずに別の商品を購入しました。

レジ応対はスピーディーですが笑顔とアイコンタクトがなく、淡々とした口調でスタッフが商品をカウンターに置きます。そのしぐさが雑で丁寧さを感じません。お見送りの挨拶は視線をそらしながらで、感謝の気持ちは感じられません。退店時、再度お見送りの挨拶がありますが声も小さく、何かうわべだけの対応です。残念な気持ちで店を後にしました。

以上のように、スムーズな展開例と少しギクシャクした展開例を見ていただくと明らかにその違いがおわかりいただけたと思います。この事例から、クロージングからお見送りのあるべき姿を確認しましょう。

まずは、クロージングについてです。**クロージングとは商談締結**のことで、接客ストーリーではお客様の商品購入への促進～決定、レジ対応、包装、商品お渡しまでの一連の流れを指します。

この中で重要なのが、お客様の商品購入への促進～決定への導きになりますが、この部分が苦手な人が多いのが現状です。スタッフに求められるのは、自信を持った商品提案から、お客様を買う気にさせる、**もう一押しの「口説き文句」**です。「口説き文句」と言っても大げさな言葉は必要ありません。ご家族・恋人へのプレゼントを買い求められたお客様に「きっと喜んでいただけますよ」などとさりげない言葉を言い足すなど、お客様の状況やタイプに応じて言葉を選び、そっと背中を押してあげることが効果的です。

また、レジ対応での商品の受け渡しは丁寧に行ない、金銭授受は必ず復唱確認をします。その際のアイコンタクトはしっかりと行なうことがポイントです。また、レジ対応時は、お客様と会話をしながら、**しっかりとコミュニケーションをとる**ことを心がけます。

次に、**お見送り**についてです。「お迎え」が店の第一印象を決める場面であるのに対して、「お見送り」は店とスタッフの印象が後々まで残る大事な場面です。また、この店に来ようという気にさせる印象に残る対応が必要です。これが固定客につながるからです。

また、担当したスタッフだけでなく、**店のスタッフ全員でお客様へのお見送りを心がける**ようにします。さらに、購入しないお客様にもしっかりとした対応をとるように心がけることを、スタッフ全員に徹底することが必要です。そのお客様が未来の顧客につながってくるからです。

7 シフトコントロールの必要性

店長が行なう経費管理で大きなウェイトを占めるのは人件費です。つまり**人件費をいかにコントロールして利益を捻出するか**です。

人件費コントロールというと、すぐにスタッフを減らして人件費を削り、一時的に営業利益を確保する店舗も見受けられます。

筆者は長年、店長に対して、店舗活性化のコンサルティングを行なっていますが、売上の落ちている店舗の店長と話していると、必ず出てくるのが、「売上が落ちているので本部のマネージャーからパート・アルバイトを削減しろと言われる」というセリフです。それで、その後の経過を聞いていると、人員が削減されて現場のスタッフが足りないために、品出し・レジ対応・商品整理などの作業だけに追われ、接客などはほとんどできない状態になっており、その結果、売上は益々落ちていって、負のスパイラルに陥ってしまうのです。

この数年、専門店店舗の売上が落ちてきているのは、競合店の増加や景気のせいだけでなく、このような構造的な要因が大きいのではないでしょうか。

それでは、店長が行なうシフトコントロールについて考えてみましょう。

シフト管理と言うと、最小限の人員でやりくりして店舗段階での最終利益を確保するためのものと解釈する人が多いかもしれません。

レイバースケジューリングプログラム（LSP）という考え方があるのをご存じですか。これは、**仕事の量に応じて従業員を配置する**というもので、店舗で従業員をいかに効率的に作業に従事させるかという考え方で、主に、スーパーマーケットなどのチェーンストア化されたセルフ業態の小売業で採用されています。

もちろん、専門店経営においても、これからはこの考え方をしっかり持って取り組む必要があります。しかし、ここで考えなければならないのは、専門店が売りをつくるためには、**曜日別・時間帯別にしっかりと販売できる体制を考慮した人員シフトを組む**ことを優先すべきであると筆者は考えています。

ここで、弊社が店舗の接客サービスのあり方と人員の関係について調査した事例があるので見てみましょう。

手芸用品店（店舗面積約１５０坪）の事例です。モール端にある広い店舗で、出入り口は多方面から可能です。日曜の午後の時間帯なので、店内は多くのお客様で混雑しています。入店するとスタッフが4名いましたが、全員が作業に追われていて、ほとんどセルフ売場状態なので、スタッフからの「いらっしゃいませ」やアプローチはありません。

一通り売場を見てまわり、裁断作業中のスタッフに、こちらから「ラミネート布地の裁断は可能ですか？」と声をかけたところ、スタッフはわからないらしく、レジにいた他のスタッフに聞いてくれましたが、「ラミネート布地の裁断はできません」との答えがありました。その後、スタッフはすぐに自分の作業に戻ってしまい、こちらは、放って置かれた状態になってしまいましたが、それ以上は聞けない雰囲気でした。

その後も、スタッフの動きを見ていましたが、全員がそれぞれの作業に夢中で他のお客様に目配りしている余裕はなさそうです。もちろん、スタッフから積極的にお客様に声がけすることはありません。

レジ対応は2人で迅速に対応していましたが、忙しいため、笑顔がなく、事務的な対応に終始していました。日曜日の午後の忙しい時間帯に人員不足ではないでしょうか。小物が多いのでスタッフの目の届かない場所では万引きの恐れがあるように感じます。

この店の場合、お客様が多数来店していて、今いるスタッフでは手が回らず、お客様への接客はほとんどできていない状態です。その結果、お客様対応ができていないため、売り逃がしなどの機会損失が発生しており、例文の指摘にもあるように、万引きの恐れも多くあります。

ここで、店長として考えてもらいたいのは、スタッフを投入した場合の人件費のコストと接客販売を行なうことによって生み出せる売上と粗利益の関係です。

例えば、客単価5000円の婦人衣料品店として考えてみましょう。スタッフ（パート・アルバイト）の1時間の費用を1000円とします。このスタッフが1時間に3人のお客様に接客して売上を上げることができた場合は1万5000円になります。この店の粗利益率を40％とした場合、このスタッフの稼いだ粗利益は6000円となります。つまり、粗利益6000円－人件費費用1000円＝5000円の利益になるのです。

単純な計算ですが、お客様の多い時間帯に機会損失を発生させないほうが、店が稼ぐ利益が増加することになります。

このように、**来店される客数の多い時間帯であれば、スタッフを投入して売上をつくる体制を整えなければならない**のです。

店長が行なうシフトコントロールは次のように組むべきです。

まず、年間を通して、月間・週間単位の曜日別・時間帯別の売上と客数をとらえます。次に店のスタッフ個々の接客販売力の能力測定（能力の棚卸）を行ないます。月間単位で忙しい曜日・時間帯に応じて週間・日別・時間帯別の人員シフトを組みます。この時に注意すべき点は、ただ単にスタッフの頭数だけを揃えるのではなく、**スタッフの能力・適正に合わせて、売上をつくるためのシフトを組む**ということを大前提に考えなければなりません。ここが店長の腕の見せどころなのです。

そして、現場で実行して、その結果に対してチェックを行ない、次の計画に反映させます。

フレームワークで考えよう

自店のシフトコントロール

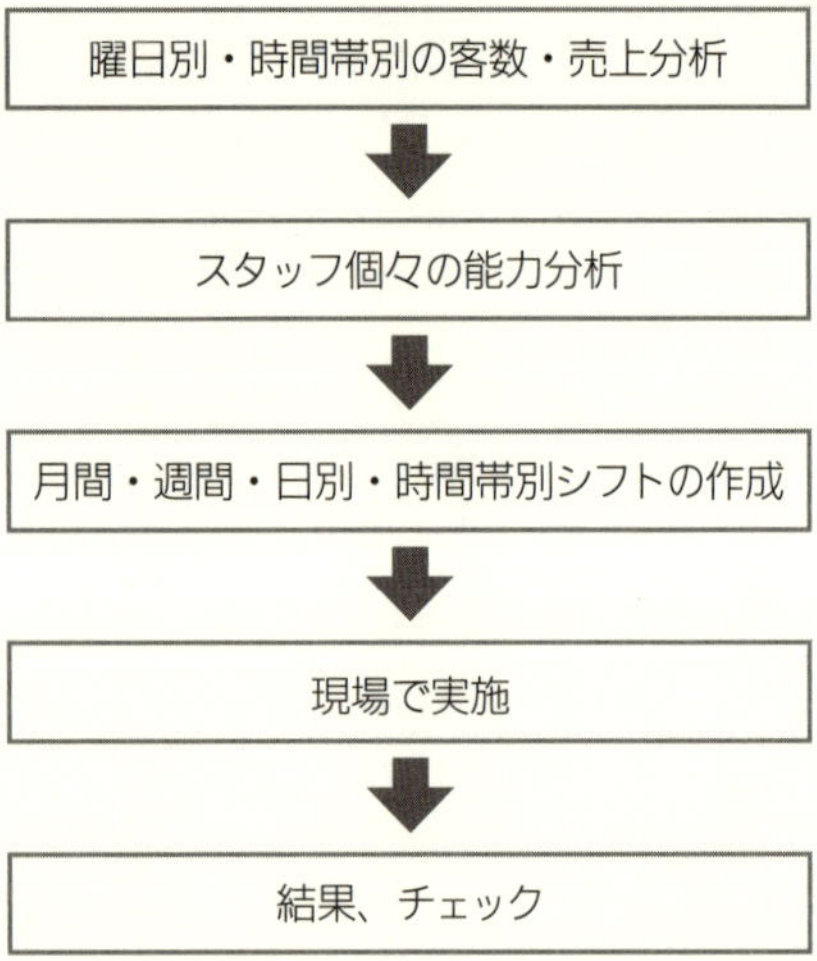

もちろん、シフトコントロールを行なう大前提は、人件費コストと利益の関係ですので、単純に人を増やすということではないことを十分理解して現場で展開するべきです。

8 固定客管理が売上アップの決め手

専門店でよく売る店の条件とは何でしょうか。

店の雰囲気がよい、商品がよい、接客がよいという要素は必ずなくてはなりませんが、筆者は加えて「顧客管理」がしっかりできている店、つまり固定客をしっかりとつかまえている店であると断言します。

ある同規模の婦人服チェーン店A店とB店では売上が30%違っていたので、調べてみると、その原因は店長が顧客管理をしていたか、いないかの違いだったという事実がありました。

それでは、お客様を固定客にするにはどのようにしたらよいか考えてみましょう。

1つ目に、接客サービスのあり方についてです。接客サービスの基本については、前述しましたが、その**基本サービスに＋αを加えたものに「ホスピタリティという考え方」**があり、固定客化のためには、ホスピタリティあふれる接客が求められます。ホスピタリティとは、お客様をもてなす、お客様を歓待するという意味で、お客様との密接な関係をつくりあげることです。つまり、専門店のスタッフと来店されたお客様とがお互いに認め合い、固定客になっていくものです。

ホスピタリティあふれる接客は、お客様と一体の関係で、**喜びを共有しあう関係を築くもの**です。その接客スタイルは、マインド＋スキルで対応し、お客様の視点で考えるものです。

そして、お客様とスタッフは、ゲストとホストという考え方に立ち、常にお客様優先でお客様に合わせて臨機応変に対応することが必要で、その結果、店のブランド力が高められ、顧客との関係は一生のお付き合い（生涯顧客）となります。

２つ目に、固定客づくりのポイントについてみてみましょう。

顧客との**人間関係を築き上げる**ことが、固定客づくりの基本です。顧客のタイプや性格を早く見極め、その顧客に合った話し方、接し方を心がけることです。そのためには、その顧客をよく観察して、価値基準、心の動きを正確にとらえることが必要です。しかし、顧客は十人十色で、それぞれの性格や興味、関心などは様々なので、その相手によって接客パターンや会話の組み立てを変えていくことが必要です。

顧客は外見も違いますが、性格もそれぞれ異なり、同じく**購買行動も様々**です。店のスタッフがいくら熱心に論理的に提案しても、購買に結びつかないのは、相手の心理的側面とスタッフとの間にすき間があるからで、相手の性格をよく見て、相手に応じた対応をとることが大切です。最近は、顧客も様々な情報を持っていて、ファッション情報・業界情報にも精通しているので、顧客の感性に訴え、購買意欲を刺激するような情報を常に提供していかなければ支持を失ってしまうので、スタッフは日々情報収集に努めなければなりません。

顧客には次のようなタイプがあります。

まずは、「**利益重視タイプ**」です。損か得かが判断基準で、価格にシビアなので値切ったり、割引を求めるタイプです。このような顧客には、条件面の会話は避けて、この商品を購入すると、どれだけ得かを数値で強調するとよいでしょう。

次は「**理論重視タイプ**」です。損得よりも論理的に納得できないとダメなタイプです。このようなタイプには、相手の話をよく聞いてあげて、利用する際の便宜性、メリットを的確な数値、データを用いて論理的に説明する必要があります。

「**感情論タイプ**」もいます。損か得か、論理ではなく、その時の感覚で物事を判断するタイプです。このようなタイプには、相手の感性に訴えることを前面に出して行動（ポジティブ）し、マイナス（ネガティブ）な会話は避けるようにします。

最後は、「**優柔不断タイプ**」で、決めるのに時間を要するタイプです。このようなタイプ

顧客管理台帳の見本

氏名	○○ ○○ 様
生年月日	1985年○月○日
住所	東京都○○区●●町1－1－1
携帯番号	090-1234-XXXX
職業	○○○　受付係
特徴	木曜日の午後によく来店されます。いつも、ワンピースを着ていて、ピンクが好きで、リボンも大好きです。素敵な彼氏がいます。
購買履歴	・○年○月○日：ピンクワンピース　6,800円 ・○年○月○日：フリルブラウス　4,800円
似顔絵	

には、相手のペースに合わせながらも、一つひとつ積み重ねて納得させて、相手の意思決定に結び付けていきます。

続いて、固定客管理の方法について考えてみましょう。

固定客を管理する基本は店オリジナルの**顧客データベース（顧客管理台帳）**を作成することです。

データベースを作成する際は、顧客の**①氏名、②生年月日、③住所、④職業、⑤家族構成、⑥趣味、⑦特徴、⑧購買履歴等**について顧客別に作成する必要があります。

しかし、**個人情報保護法**があるので、これらのデータについては厳重に管理しなければなりません。

店舗現場では、このデータベースを使って、来店された固定客には、ホスピタリティあふれる接客をすることが重要です。

9 店舗現場でのクレーム対応について

店舗現場では、様々なトラブルが発生します。スタッフがどんなに一所懸命仕事に取り組んでいても、アクシデントやお客様との行き違いなどでクレームが発生することがあります。

よくあるケースとして、スタッフの接客態度が悪い、口の利き方が悪い、スタッフ同士がおしゃべりしていてお客様が声をかけても無視するなどのケースがあります。

このようなクレームが発生した時、店長には沈着・冷静に対応することが求められます。**店長がクレームに対して自ら真剣に取り組む店は、スタッフも安心して仕事に取り組める**ものです。

ひとくちにクレームと言っても、その内容は、接客時の不平不満から商品や金銭的な賠償問題に発展するようなものまで様々あります。また、お客様側の価値観も多種多様で、スタッフ側が同じようなミスを犯しても寛容なお客様、そうでないお客様、また、さらっと淡白なクレームだけのお客様、しつこくねちねち言うお客様と様々いらっしゃいます。

いずれにしても店では、お客様のクレームに対して、ご満足いただけるように解決していくことが求められます。

では、代表的なクレームをいくつかあげてみます。

物販・サービス店であれば、スタッフに笑顔がない、他のお客様と差別されている、買った商品に傷・汚れ・ほつれがあった、洗濯したら商品が色落ちした、スタッフのレジの操作の誤りや・金銭授受のミス、包装が遅い・汚いなどがあります。

次に、飲食店であれば、料理が出てくるのが遅い、料理に異物（毛髪・虫・輪ゴム・糸くずなど）が入っている、料理・飲み物がぬるい、接客担当者を呼んでもなかなか来ない、スタッフの態度が悪い、料理・飲み物をこぼしてお客様の衣服を汚したなどがあります。

このようなケースであれば、スタッフへの日頃の教育でことを荒立てないこともできます。例えば、仮にクレームが発生しても、お客様の動きに敏感であれば、お客様に呼ばれたら、お客様を待たせずに「少々お待ちください」等と、すぐに対応できるのです。クレームが発生した時の原則は、**とにかく迅速に対応すること**です。

次のようなクレームが生じる場面とその時のお客様の状況を読み、自店に照らし合わせてみましょう。

まず、お客様が入店しても、スタッフから挨拶も声がけもない時、仕方なくお客様側からスタッフに声をかけたけれど、スタッフに反応がない場合、お客様が無言の時は「やや不満」状態です。

続いて、「すみません」と大きな声で呼んだら、スタッフはやっと来たが特に謝る気配はないパターン。その時のお客様の反応は、心の中で何か言うべきだと思っていて「不満」状態です。

会計時にレジが混雑していて、だいぶ待たされ、やっと順番が回ってきたので、ラッピングを依頼したが、なかなかできてこない時。お客様が「遅いですが」と声をかけると、スタッフは「今日は混んでるので仕方がないです」の一言。お客様はスタッフの言い訳にムッとして、「言い訳しないで謝りなさい」と言います。この時のお客様は「怒り」状態。それに加え、スタッフも言い返し、「混んでるから仕方ないでしょう」の一言。その時のお客様の反応は「激怒」状態で「責任者を呼びなさい」となります。

このようにクレームは発生していくのです。

おわかりのように、クレームの発生する原因は、

フレームワークで考えよう

クレームの原因の例

お客様の不満感	●話が通じない ●気持ちを理解してくれない ●待たされる、手間がかかる ●近くにスタッフがいない
お客様の不信感	●わかりづらい商品説明 ●約束を守らない ●他のお客様と差別された（不公平）
お客様の不安感	●商品知識がなく言っていることがあてにならない ●接客の技術が未熟 ●もたもたしている
お客様の不快感	●マナーが悪い、常識がない ●不潔、下品 ●横柄な態度 ●お客様本意でなく、店のルールを押し付ける

➡ **クレームの原因を事前にしっかりと把握して、発生しないように心がけよう**

- **お詫びができない**
- **言い訳する**

の2つが店舗現場では多いのです。

対処の仕方としては、迅速に対応することが第一ですが、クレームを受けた当事者から担当者を変える、話がこじれた場合はお客様との対応に際して店から事務所などの場所を変える、また、お客様の気持ちを冷ますために一定時間の間隔をあけることが原則です。

10 クレーム処理の基本展開について

店にとってクレームはないほうがいいに決まっています。しかし、先ほども述べたようにどんなに気をつけていても発生する時は発生します。重要なのは、クレームが発生してからの処理なのです。

起きてしまったことは受け止めて、**今後のお客様との信頼関係づくりに結びつける**という前向きな姿勢で取り組むことが必要です。つまり、クレームを上手に扱ってお客様の信頼を

クレーム処理の際のNG集

- お客様と議論する
- お詫びの際に、「申し訳ありません」を連発する
- お客様との会話の中で結論を急ぎすぎる
- 「このようなことはよくあります」というフレーズを使う
- 接客時のクレームなどの場合に、店舗や什器など他のせいにする
- お客様にわからない専門用語や業界用語を使う
- お客様の言葉の揚げ足をとる
- 嘘をつく
- 約束を守らない

➡ クレームは迅速に対応し、すぐにお詫びする。「言い訳はしない」が原則

得るという考えを持つことです。

クレームはお客様からの貴重な情報であると解釈し、それを問題点として、その後の展開に活かしていくという考えを持つべきなのです。

それでは、クレーム処理の基本展開について考えてみましょう。

第一に、クレームを受けた時の対応です。

まずは、**誠意を持ってお詫びする**こと。万が一お客様が理不尽なことを言ってきても、お客様を怒らせてしまったことは事実なので、店として心をこめてお詫びします。

その際、お客様の話を途中でさえぎら

ずに、また、言い訳などせずに最後までしっかりと聞きます。**クレームを受けたスタッフが店を代表しているという自覚**を持って対応します。また、クレームの内容によっては、スタッフに一人で対応させないで、店長（上司）に伝えて一緒に対応するようにルール化しておきます。

第二に、クレームの**原因を確認**します。なぜ、クレームが生じたかを冷静に判断するのです。

つまり、オドオドせず冷静に、**お客様の目を見てしっかりと聞く**姿勢を取ります。スタッフの反応が頼りないと、お客様はますます不信感を抱くので、ゆったりとした態度で対応をします。

第三に、お客様に対して**解決の方向性を示す**ことです。原因が究明されてお客様の気持ちが晴れてから、解決の方向性を示します。解決策の提示はすべての話が終わり、原因が究明されてからするものであり、最初の段階で切り出すと話がこじれるケースが多いので気をつけましょう。

6章

スタッフの育成こそが売上アップの決め手

経営資源は「人・物・金・ノウハウ」と言われますが、
専門店経営ではこの中でも
特に「人」によって店の成績が決まる
といっても言い過ぎではありません。
6章では、店長として人材面（スタッフ）を
どのように育成・強化していくかについての
考え方、指導ポイントを解説していきます。

1 スタッフ育成の必要性
～OJTとコーチングの違いを理解して育成する～

店の責任者は言うまでもなく店長です。何度も述べましたが、店の成績は店長しだいで決まりますが、店長だけがいくら頑張っても限界があります。成績の良し悪しはスタッフ全員の努力の結果とも言えるのです。このことから、**優秀な店長というのは、部下であるスタッフの育成が上手な店長**とも言うことができるのです。

それでは、スタッフの育成が上手な店長とはどのような店長でしょうか。

ある事例を紹介しましょう。婦人ファッション店で、天才的に販売力のあるスタッフがその実績を買われて店長に抜擢されましたが、数ヶ月経っても店の成績は一向に伸びません。なぜだか調べてみると、店長自身は一所懸命に売上を上げているけれど、スタッフにはやる気も販売力もないため、店全体で見ると予算に到底達しない状況が続いていたのです。

店長はスタッフをどのように指導・育成したらいいのかが全然わからないようでした。店長自身は感覚的に販売力があり、どのようなお客様に対しても臨機応変に対応して売上をつくることができるのですが、それをスタッフに対してどのように教えたらよいのかがわからないのです。スポーツの世界では「一流プレーヤーが名監督にあらず」ということをよく聞きますが、まさにこの店長も同じだったのです。

つまり、優秀な店長になるためには、店舗現場でのスタッフの指導方法をしっかりと修得する必要があります。

店舗現場でのスタッフの指導手法には**ＯＪＴとコーチング**がありますが、店長にはこれらの違いをしっかり認識して行なうことが求められます。

ＯＪＴ（On the Job Training）とは、**職場内訓練**のことで、店舗現場で店長・先輩スタッフが若手スタッフや新人スタッフを育成することです。育成内容は、個人の特性や能力を配慮しながらも、主に接客・販売や商品知識、ディスプレイ等の技術（スキル）面を育成するものです。店長が指示し、リードしながら進めていくことを基本とします。主に技術的に未熟で自立できていない人を対象に行ないます。

コーチングとは、指導するスタッフの特性をしっかりと観察して、その特徴をとらえて、そのスタッフに合わせた目標を設定して、**指導する側（店長）とスタッフが相互に認識し合いながら指導していく**ものです。そして、対象となるスタッフが自らの意思で気づき、行動を起こしていくもので、店長はそれを側面からサポートします。主に自律している人を対象にするものです。自律している人とは、自分自身で自らをコントロールできる人のことを言います。

端的に言えば、店舗現場でコーチングの対象となるのは、次期店長候補を店長に引き上げる時や、ベテランのスタッフをより高いレベルに引き上げる時に、この手法を使うことは効果的です。反対にスキルの未熟なスタッフや新人スタッフにコーチングを展開しても効果は上がらないでしょう。

近年、コーチングがブームになっていますが、すべての人に合っているわけではなく、対象となる人を間違ってしまうと効果は上がらないのです。

このようにＯＪＴとコーチングはその考え方も対象も違うので、店長はこれらをしっかり理解して進めなければなりません。

2 スタッフの特性を把握する

店長がスタッフを育成するにあたっては、スタッフそれぞれの知識・技術・経験等の能力や、スタッフ自らが成長していきたいという意欲・自信、売上目標に対する達成意識など、現時点でどのようなレベルなのかわからなければ、実効性のある具体的な指導は展開できないでしょう。

つまり、店長が現場でスタッフを指導する際は、スタッフの特性を把握して、スタッフそれぞれの特性に応じた指導をしなければならないのです。

それでは、スタッフの特性はどのように把握すればよいでしょう。

簡単に言ってしまえば、**スタッフの能力・意欲面などの棚卸**だと思えばいいでしょう。

まず、能力については、店舗業務に必要な能力を指し、接客販売スキル、店舗の演出・陳列スキル、販売促進スキル、企画力、思考力、問題解決力などがあげられます。

次に、意欲面については、性格、判断力、目標達成意識、行動力などがあげられます。

これらの項目について、それぞれ評価して、スキル面や意欲が低いスタッフについてはＯＪＴで指導する必要があります。一方、スキル面も意欲もそれぞれ高く、次のステージを目指すスタッフにはコーチングスタイルで指導していくことが望ましいでしょう。

この中で、**スタッフの性格について事前に認識しておくこと**は、現場で指導する際に重要です。次に、性格と育成方法を簡単に説明するので参考にしてください。

社交的なタイプの特徴は、日常において調子がよく、人に合わせるのがうまいので、調子に乗せながら褒めて育てていくとよいでしょう。

反対に**非社交的タイプ**は、人付き合いが悪く、自分の殻に閉じこもるので、相手のペースに合わせてじっくりと育てていきましょう。

行動的タイプは、常に積極的で、自信と自尊心が強いので、店長が聞き手役になり、自分で決めさせて実行させるようにし、ポイント毎にサポートしてあげましょう。

反対に**慎重的タイプ**は、自分で納得するまで行動せず、判断するにも時間がかかるので、店長の見解を投げかけながら、意思決定を促してあげるようにしましょう。

頭でっかちタイプは、知識先行型であり、行動するまで時間がかかるので、相手の自尊心を傷つけないようにしながら、結果を見たいという思いを話して行動に移るようにもっていきましょう。

議論ふっかけタイプは、自分の考えが正しいと思い込み、何でも議論をふっかけてくるので、話は聞きながらあるべき方向に向かわせるようにしましょう。

このように、それぞれの性格を見極めて、あるべき方向に指導していくことが必要です。

3　スタッフを育成する際のポイント

スタッフの育成は店長の重要な仕事です。スタッフを育てることは大変ですが、指導する立場の店長自身も自らの成長につながります。なぜなら、教える立場は、教える内容について自分自身が学習し、修得して現場で実践できなければならないからです。

スタッフを育成するにあたっては、スタッフの気持ち・思いについて理解することが重要です。スタッフは店長に対して次のような気持ち・思いがあります。店長はそのことを踏まえて指導するように心がけていきましょう。

①自分自身について関心を持ってもらいたい
②自分の考え・行動について理解してもらいたい
③自分の存在について認められたい
④任された仕事などについて信頼されたい
⑤常に可愛がられたい

それでは、スタッフを育成する際の指導ポイントを整理します。

まず、**店長自身がスタッフの指導を途中であきらめないこと**です。スタッフが店長の言っていることが理解できない、修得できないのは、大半が店長の教え方に問題があると思うべきです。

次に、**スタッフ個々のレベル・特性に合わせた指導をすること**です。その際に注意すべきなのは、店長は自分のレベルで考えないように、指導に入る前に、店長自らがスタッフ個々に合わせた指導計画書などを作成します。

指導を行なうにあたっては、**スタッフの不安や緊張を取り除いてあげる**ことが必要で、時間・場所などの設定に配慮します。朝礼や終礼、アイドルタイムなどを利用して行なうようにすると現場で実践しやすいでしょう。

指導内容は、接客やディスプレイなどの身近で具体的な事例をベースにして実務的・実践的な指導をするように心がけます。その際は、ひとつのことを確実にできるようにすることです。ひとつのことができた段階で次に進むことでスタッフに自信や自主性が生まれるからです。成功体験を数多く持たせることによって、スタッフは伸びていきます。

次に、スタッフを育成する際に店長に必要とされる代表的なスキルについて整理します。代表的なものとして、**教え方・指示の仕方・注意の仕方・叱り方・褒め方**の5つのスキルがあります。

教えるということは、店長の言っていることがスタッフに正しく理解されて、行動に移されて、その結果が出ることですので、言いっ放しでは教えたことになりません。教える際は、店長が言うことに一貫性を持ち、計画的に進めることが大切です。その時に心がけることは、なぜそうしなければならないか、その目的は何かをしっかり示すことです。

指示は、上司が一方的に出す命令とは違い、スタッフが正しく受け入れて、やる気を出すためのモチベーションアップのためのものです。指示を出す際は、その内容を明確にし、ス

フレームワークで考えよう

スタッフ育成のためのスキル

「スタッフを指導する際のポイント」

- 指導を途中であきらめない
- スタッフのレベル、特性に合わせた指導をする
- 指導計画書を作成する
- スタッフの不安、緊張を取り除いてあげる
- 実務的、実践的な内容に取り組む
- 成功体験を数多く持たせるようにする

「スタッフ育成のための店長に必要とされるスキル」

- 教え方のスキル
- 指示の仕方のスキル
- 注意の仕方のスキル
- 叱り方のスキル
- 褒め方のスキル

タッフの能力や特性に合わせて出すことが大切です。その時に店長が心がけることは、指示の内容が正しく理解されたかどうかを確認することです。

注意はスタッフが気づかずに間違った行動をしている場合に与えるものです。間違った行動をとった時にすぐに行なうべきもので、後でグダグダ言うものではなく、具体的に教える姿勢を持って言うことが重要なのです。

スタッフを叱るというのは、なかなかやりたくないと思いますが、現場では叱らなければならない場面もあるので、店長は臆することなく叱らなければなりません。その時は、スタッフの行なった行為に対して

叱るべきで、スタッフの人格について叱ってはいけません。また、別のことについてあれもこれもと叱ってはいけません。感情的にならずに、ねちねちとしつこい叱り方も避けるべきです。そして、他のスタッフがいる前で叱らずに、他のスタッフの見えないところで叱るべきでしょう。

人は誰しも褒められれば嬉しいものです。店長がスタッフを褒める時は、素直な気持ちで心から褒めることが大切です。その基本は、褒めることによってスタッフの能力を引き上げ、接客技術が高まり売上が上がった、ディスプレイにより入店率が上がった、お客様からお褒めの言葉をいただいた等々の場合には、店長は担当のスタッフに対して徹底的に褒めるべきです。褒めることによって、スタッフのモチベーションは高まり、店全体が活性化され、スタッフ全員が元気になります。その結果、売上も上がるというわけです。

店長はこれらのスキルを使い分けながら、スタッフの育成に取り組むべきです。

4 スキルの未熟なスタッフには ＯＪＴで育成

ＯＪＴは、若手スタッフや新人スタッフなどの接客販売、商品知識、ディスプレイ等の技術（スキル）面を育成する時に適していると述べました。

企業ではＯＪＴの他に、Ｏｆｆ－ＪＴ（職場外教育、主に集合教育）と自己啓発を組み合わせてスタッフの育成を展開しているケースが多くあります。

Ｏｆｆ－ＪＴは、会社単位で実施する場合が多く、店舗現場で店長が行なうのはＯＪＴが中心です。スタッフ自らが行なう自己啓発をＯＪＴと組み合わせると、より高い効果が出るので、ＯＪＴを実践する際は取り入れてみましょう。

店長が店舗現場で行なうＯＪＴの長所は、接客販売・ディスプレイ・販売促進・イベントプロモーションなどの実務に応じた実践的・具体的な指導をすることができることです。

また、スタッフ個々人の能力レベルや性格等の特性に応じたきめの細かい指導ができることもそうです。実施に際して、いつでもどこでも行なうことができるため、問題が生じた時にすぐに展開できます。そして、ＯＪＴの推進によってスタッフと店長とのコミュニケーションの機会も増えて、意思疎通が円滑になるのです。順調に進むにしたがって、最終的には店全体にノウハウの共有化が図られて、店舗全体の活性化につながります。

もちろん、よい点もあれば、短所もあります。ＯＪＴによる指導の成果は、指導者である店長の能力・意欲・指導力に完全に寄りかかっていることであり、個々の店長しだいで決まってしまうことです。

また、指導内容も日常業務に偏ってしまう傾向が強く、スタッフの体系的な育成ができない場合が多くなります。体系的な教育は、通常、Ｏｆｆ－ＪＴが補うことになるので、Ｏｆｆ－ＪＴをしっかり行なっている企業の店長は、これをうまく活用して進めることが望ましいでしょう。

この短所を解決するためには、店長自身が店舗運営についての基本と原理・原則をしっかりと修得することが必要です。

店舗現場でＯＪＴを進めるには、「**計画的に進める指導**」と、日常で問題が発生した時に進める「**その場指導**」の2つの方法があります。

計画的に進める指導は、対象となるスタッフの現状の能力レベルや特性をしっかりと把握

フレームワークで考えよう

スキルの未熟なスタッフにはＯＪＴ

OJT の長所

- 実践的・具体的な指導
- スタッフ個々人に合わせた指導
- いつでもどこでも行なうことができる
- スタッフと店長とのコミュニケーションの機会も増える
- 店全体にノウハウの共有化

OJT の短所

- 指導者である店長の能力・意欲・指導力でその成果が決まる
- 日常業務に偏ってしまう傾向が強い
- 体系的な教育ができない

↓

計画的指導
その場指導

して、そのスタッフの育成目標の達成レベル・具体的内容・スケジュール・重点テーマ・優先順位などをスタッフ本人と話し合って決めて、それらを推進計画書にまとめて、実践に移していくものです。スタッフが新しい仕事に取り組む時や、接客コンクールへの参加、社内外の資格の取得などをテーマに決めて実施する時に利用しているケースが多いです。

進め方の基本はPlan→Do→Seeで、実行したらチェックを必ず行ない、次の展開に進むことが重要です。

続いて、その場指導は、店舗現場で発生した日常の問題点や接客時に問題があった場合など、店長が気づいた時にすぐに実施するべきものです。店の運営上でクレームが生じた時などは、その処理と合わせて、その場指導のＯＪＴで改善していくことが必要です。

指導にあたっては、対象となるスタッフの現状の能力レベルや特性をしっかりと把握して行ないます。実行にあたっては、教え方・指示の仕方・注意の仕方・叱り方・褒め方の５つのスキルを駆使して進めましょう。

5　ＯＪＴの展開ステップ

ＯＪＴの展開にあたっては、対象とするスタッフの**どのようなスキル**を上げるのか、それを**いつまでに**、**どのレベルまで**上げるのかを明確に設定して取り組まなければ、効果を上げることは難しいでしょう。

ここでは、ＯＪＴを店舗現場で具体的に展開するステップについて解説します。

ステップ１として、**対象とするスタッフの特性を把握する**ことです。

スタッフの能力、意欲面の棚卸を行ない、店長が求めるべき水準とスタッフの現状能力の差を抽出します。このデータをベースにスタッフと店長が話し合いを持って、どのレベルを目指すかの目標を設定します。

ステップ2は、**ＯＪＴ推進計画書**の作成です。スタッフを早期に育成する必要があるので、一定期間に一定のレベルまで引き上げなければなりません。そのためには、設定した目標を達成するために、具体的な推進計画書を作成して計画的な指導ができるようにします。

スタッフに求められる接客技術やディスプレイ技術・販売促進企画等の重点テーマの選定を行ない、達成すべきレベルに到達させるまでの目標期間やスケジュールを設定します。また、指導にあたって使用するマニュアルや什器等のツール類の準備、設定を行ないます。

以上を**５Ｗ２Ｈに落とし込んで**、対象となるスタッフに合わせて具体的に作成します。

ステップ3は、**ＯＪＴ推進計画書に沿っての実行**です。

実行にあたっては、ＯＪＴの長所・短所を意識しながら、計画的指導・その場指導を臨機応変に取り入れて展開することになります。展開にあたっては、店長は焦らずにじっくりと継続的に取り組むことを常に意識して行ないます。

また、達成度については、店長・スタッフが神経質になりすぎると精神的なプレッシャーが強くなりすぎ、途中でリタイアしてしまうケースも多く見受けられるので、スタッフとは日々のコミュニケーションをとりながら、楽しんで進めるように心がけましょう。

ステップ4としては、**成果の確認・チェック**です。

期間の途中段階で経過や達成度について、店長・スタッフ間で話し合いを持つことが必要です。その際は、達成度の結果だけに固執せずに、そのプロセスについて店長・スタッフがお互いに確認し合いながら進めることです。この際も、プレッシャーをかけずに楽しんで行なうようにしましょう。

ここで出てきた問題点等については、修正を加えて、これ以降の展開計画に反映させていくことが重要です。

すでにお気づきのように、これらのステップはPlan→Do→Seeそのものなのです。

6 サブ（次期店長候補）にはコーチングで育成

スタッフの育成の中で、次期店長を育成することは店長の任務であると筆者は考えます。

ある外資系のファッションチェーンでは、「ネクスト・ミー（私の次）」をキーワードにスタッフの育成を図っている企業があります。この企業では、自分が次のステージに上がるためには、自分に変わる次の人材を育てなければ昇格や他部門への異動ができない仕組みになっています。

組織のあらゆる階層でこの考え方が実践されれば、**人材育成の連鎖**になり、スタッフ同士が強い絆で結ばれ、その結果、企業全体で強い組織ができ上がることになるでしょう。

コーチングとは、自律している人を対象にするものであるということを前述しました。つまり、やる気のある人がその対象となるわけで、店舗現場では次期店長候補の育成やベテランのスタッフをより高い次元に引き上げる時に適している手法です。

店長が行なうコーチングは、目標達成に向け、次期店長候補やベテランスタッフが自律的・

主体的に仕事に取り組み、行動できるように支援するためのものです。

すなわち、店長は一方的に次期店長候補やベテランスタッフに指示するのではなく、自らが気づくように促すことが重要です。つまり、次期店長候補やベテランスタッフが自らの考えを出せるようにリードしていくことです。

それでは、コーチングを店舗で行なうために店長に必要とされるスキルとはどのようなものか考えてみましょう。

スタッフを育成する際に必要とされるスキルには、教え方・指示の仕方・注意の仕方・叱り方・褒め方の５つのスキルがありましたが、コーチングでは、コーチングの対象となる**スタッフを観察する力、傾聴スキル、質問スキル**の３つのスキルを必要とします。

観察する力とは、ＯＪＴと同様にコーチングの対象となるスタッフの特性を把握することです。

傾聴スキルとは、コーチングの対象となるスタッフ自らが目的に向かって積極的に取り組んでいる時に、店長が相手を理解するような態度で〝聴く〟スキルです。この〝聴く〟態度は、日常の普段の〝聞く〟とは異なります。

フレームワークで考えよう　コーチングに必要なスキル

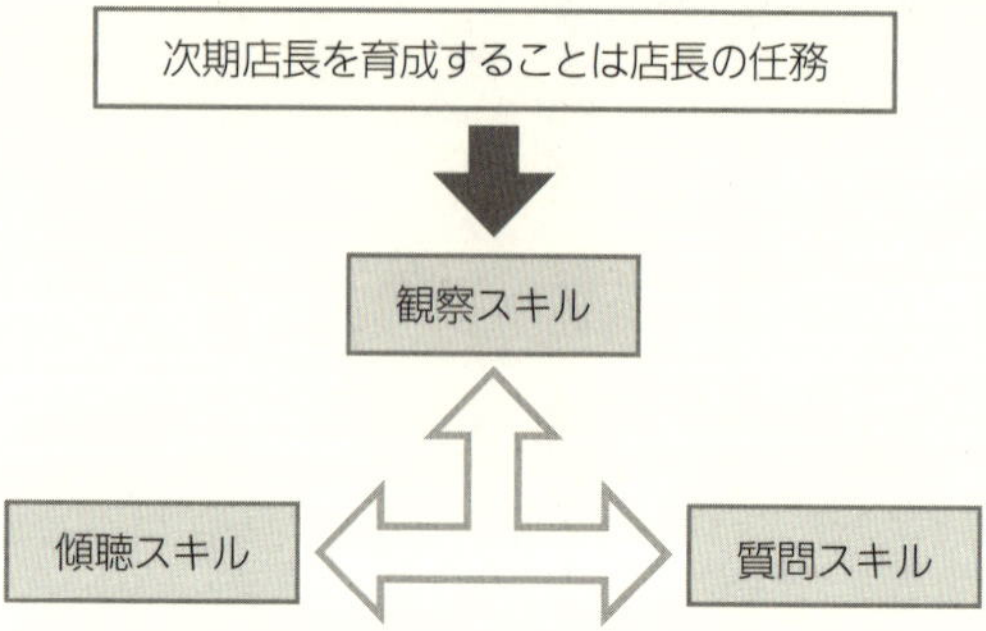

➡ **相手をじっくり観察して、よく聴いてあげて、的確な質問をしながら育成していくことが大切である**

「聞く」の文字を分解してみると、門の中に耳があります。つまり、耳の外に門という壁があるので相手の声はよく聞こえません。

一方、「聴く」の文字をばらして見ると、耳＋目＋心が合わさっています。つまり、身体全体で相手の声・姿勢・態度・熱意等を聞くことです。相手とコミュニケーションをとる際はこの〝聴く〟技術を身につけることが必要です。

傾聴の際に店長が心がけることは、相手の人格を尊重し、相手を理解する気持ちを持ち、相手に対して純粋に接していくことです。

質問スキルとは、コーチングを展開する際に、店長がスタッフの特性を事前に情報収集してその目的に応じて的確なサポートをするために行なうためのスキルです。質問の仕方によってコーチングの対象となるスタッフから重要な情報を収集することができます。また、質問の過程で〝**スタッフの気づき**〟にもつながることにもなります。しかし、質問をする際は、「あの時こうしたから、あのようになってしまった」「なぜ、あの時、あんなことをしたのか?」等の過去の否定的な質問をしてはいけません。「これから、どのようにするのか?」等の**将来に対しての肯定的な質問**をしなければなりません。

7 コーチングの展開手法

コーチングの展開にあたっては、コーチングの対象となる次期店長候補がどのような方向を目指すのかを明確に設定して、それを達成する方法を自分自身で考えさせ、実行させながら支援（サポート）していくことになります。

ここでは、コーチングを店舗現場で具体的に展開するステップについて解説します。

ステップ1として、**コーチングの事前準備**です。これは、次期店長候補の特性を把握することから始まります。この時に観察スキルが必要になります。

例えば、年間の売上額・客数・坪売り等の推移について意見を聴いてみます。店舗運営については店舗施設・マーチャンダイジング政策・ディスプレイ・店内清掃状況・メンバーの雰囲気等について聴きながら、注意深く観察します。さらに、「○○さんはどう思う？」などと意見を求めます。その時の受け答えで、次期店長候補のコンディションを判断します。「自分の中で理解して答えているかどうか、あるいは曖昧な答えなのか」、こうして次期店長候補の〝現在〟を観察します。

次期店長候補の現在を知り、将来を導くことこそコーチングの目的です。つまり、店長は次期店長候補が店長になるための能力要件や意欲面のあるべき姿（仮説）を描くのです。このために、日頃から次期店長候補の状況の変化を細やかに把握しているかが、育成の鍵となります。これらの観察結果を踏まえてコーチングの具体的な展開に移行していきます。

ステップ2として、店長と次期店長候補との**コーチング内容の合意形成**です。この時に、傾聴スキル・質問スキルが必要になります。

合意形成とは、コーチング準備の段階で店長が描いたあるべき姿をベースに、次期店長候補との対話を通じてコーチング内容の〝合意形成〟を図ることを目的として行なわれます。合意形成にあたっては次の点に留意することが必要です。

基本は次期店長候補の能力要件や意欲面を好転させることで、不足している部分を気づかせることです。そのために、次期店長候補と共に店舗現場の状況を確認しながら、情報を共有化し、次期店長候補の現状の思い込み状態をなくして、リラックスさせることがポイントです。

そして、次期店長候補のスキルを自分自身で棚卸させて、自らあるべき姿を描かせます。それは店長の押し付けではなく、次期店長候補自らが自分自身の課題について、取り組み姿勢や具体的な進め方について自己客観視できるようになることです。

ここで、具体的な**コーチング展開計画書**（６ヶ月から１年間単位）を作成する必要があります。

ステップ３として、**コーチングの実行から成果確認**です。

成果の確認は、次期店長候補が自ら描いた課題への取り組みがどのように進められているのかを店長が確認・評価する展開です。合意形成の段階で店長と次期店長候補の双方が確認したことができているのか、改善すべきことがあるのかが明らかになります。

つまり、展開計画書をベースに週間単位あるいは月間単位での成果をプロセスで検証することです。

成果が確認・検証されなければ、次期店長候補は自分のやっていることが正しいかどうかの判断がつきません。ここで店長は、傾聴スキル・質問スキルを駆使しながら、次期店長候補とコミュニケーションを円滑にとって、あるべき姿に向かってサポートしていくことになります。

7章

よく売る店づくりのための店長力強化の実践

専門店店長に求められる能力要件として、
1章ではマーケティング、2章では店舗運営の仕組み、
3章ではマネジメント・リーダーシップ・コミュニケーション、
4章では計数管理、5章では接客販売の強化、
6章ではスタッフ育成について解説してきました。

7章ではこれらの要件をベースに、
「よく売る店づくり」をどのように実現するかについて
具体的な実践手法を紹介します。

1　店舗での問題解決能力の修得こそが店長力アップの決め手

「お客様に目配りができていない」「接客時の声が小さい」「スタッフ間のコミュニケーションがない」「店舗演出の訴求力がない」「売れ筋商品に欠品がある」「在庫管理が悪い」「客単価が昨年に比べて落ちている」「販売促進の企画がマンネリになっている」等々、店長は日々悩み、あれもしなければならない、これもしなければならないと思いながら店を運営しているることでしょう。


このように店舗現場では様々な問題があります。

問題とは「目標（あるべき姿）と現状との差（ギャップ）」と言われています。

例えば、ある店の5月の売上目標が1000万円でしたが、残念ながら、結果は900万円となってしまいました。この時の問題とは何でしょうか。900万円しか上げられなかったことが問題なのでしょうか。

そうではなく、目標1000万円に対して実績が900万円で、その差が100万円。

１００万円ショートしたことが問題なのです。つまり、なぜショートしたのか？　その原因は何か？　ショートした１００万円を売り上げるために、どのように解決すればよいのか？ということを考えなければなりません。

「**問題解決**」というのは、様々に発生している問題をすべて解決すれば、目標は達成できると考えることができます。

本項の冒頭で述べた問題が解決したら、状況はどのようになるでしょうか。

「入店したお客様に目配りができている」「接客時に明るくハキハキした元気のよい声が出ている」「スタッフ間にコミュニケーションがあり、連携がとれている」「効果的な店舗演出ができている」「売れ筋商品は十分確保している」「適正な在庫管理ができている」「客単価は昨年に比べて上がっている」「販売促進の企画は常に新鮮でお客様の評価も高い」となるわけです。

もちろん、理想的にはこのようにすべて解決できればいいのですが、現実的に考えて、店舗現場ですべての問題をヨーイドン！　でいっせいに解決することは不可能でしょう。

ここで皆さんも考えてみてください。あなたは、いつも問題意識を持って店を運営していますか？

何も考えずに、決められた時間に店に出て、決められた通りに発注・仕入れ・品出し・接客・会計等の業務をこなし、定時が来たら帰宅するという毎日を送っていないでしょうか。

店長の仕事というのはこのようなルーチンワークではないでしょう。先ほどのように店で発生している様々な問題を解決しながら、スタッフのモチベーションを高めて、売上予算を達成することが本来の店長の仕事と言えるでしょう。

筆者は「問題解決」をテーマに数多くの店長研修を行なっていますが、参加する店長を見ていると、デキル店長というのは、**日々問題意識を持ち、自店の問題を的確にとらえてその原因を探って、解決することによって成果を上げています**。つまり、自分自身で主体的に考えて、決断して、自主的に行動する店長のことです。

デキル店長とダメ店長の違いは、常に問題意識を持って行動しているか、何も考えずに決められた時間の中だけで仕事をしているかどうかで決まると筆者は思っています。

実際にこの問題解決手法を使って、成果を出した事例を紹介しましょう。

大規模ショッピングセンターにテナントで出店しているインストアベーカリー（店舗面積50坪、スタッフ20人、客単価６００円）で、店内飲食コーナーも設置しています。この店の女性店長は店長歴3年。店舗運営について店長は日々悩んでいました。ショッピングセンター主催の、問題解決をテーマとした筆者が講師を務めたセミナーにその店長が参加しました。

そこで、問題解決の考え方に興味を持ち、早速自店で導入を決めました。まず、1回目のセミナーで、問題解決の考え方・進め方を学習し、自店の問題～解決策を探し出しました。最重要問題は「スタッフの接客技術が低い」となり、合わせて「ホールと製造部門のスタッフ間のコミュニケーションが悪い」という問題もありました。

そして、最初に最重要問題について取り上げてみると、真の原因が「ホールスタッフがお客様に商品説明できない」ということがわかりました。そこで、解決策を探っていくと、「スタッフの商品知識を強化する」が実行計画テーマとなりました。ここで2回目の店長との個別面談で筆者と相談しながら、このテーマを具体的に展開していくにあたって、店長は新商品の企画開発をホール主体で行ない、それを製造部門と連携して商品化していくことに決めました。それを店に持ち帰りスタッフと相談して、新商品は100円の商品を30品目つくり、それを土日限定でバイキング形式で展開しました。

結果は、最初の1ヶ月で、週末の売上は昨年対比で30％も増加しました。毎回実施後の検証をして、新商品30品目については商品毎に売上のABC分析を行なって、次回の商品企画に反映させています。

これを推進したことで、売上の増加はもちろんのこと、当初の目的のホールスタッフの商品知識の修得は達成し、商品の企画開発〜製造をホールと製造部門スタッフが話し合いながら行なったことにより、コミュニケーションも円滑になりました。もちろん店全体のモチベーションアップにもつながり、店が元気になっていきました。

この成功の要因は、極めて単純で、店長を中心に店のスタッフが、自分たちで考えて、それを実行し、結果についても自分たちで検証して、次を考えていくという、主体性を持った行動と言えます。つまり、会社や上司から命令されたまま、何も考えずに動いているということではないということです。

ここで、問題の種類について見てみましょう。

発生する問題には時間の経過で見た場合、**すでに発生している問題、これから数ヶ月単位で発生することが予想される問題、将来的に発生されるだろう問題**があります。

すでに発生している問題とは、先ほどのような現状の店舗で、現時点で起こっている問題です。

これから数ヶ月単位で発生することが予想される問題とは、例えば、３ヶ月後に競合店が

フレームワークで考えよう

問題の種類

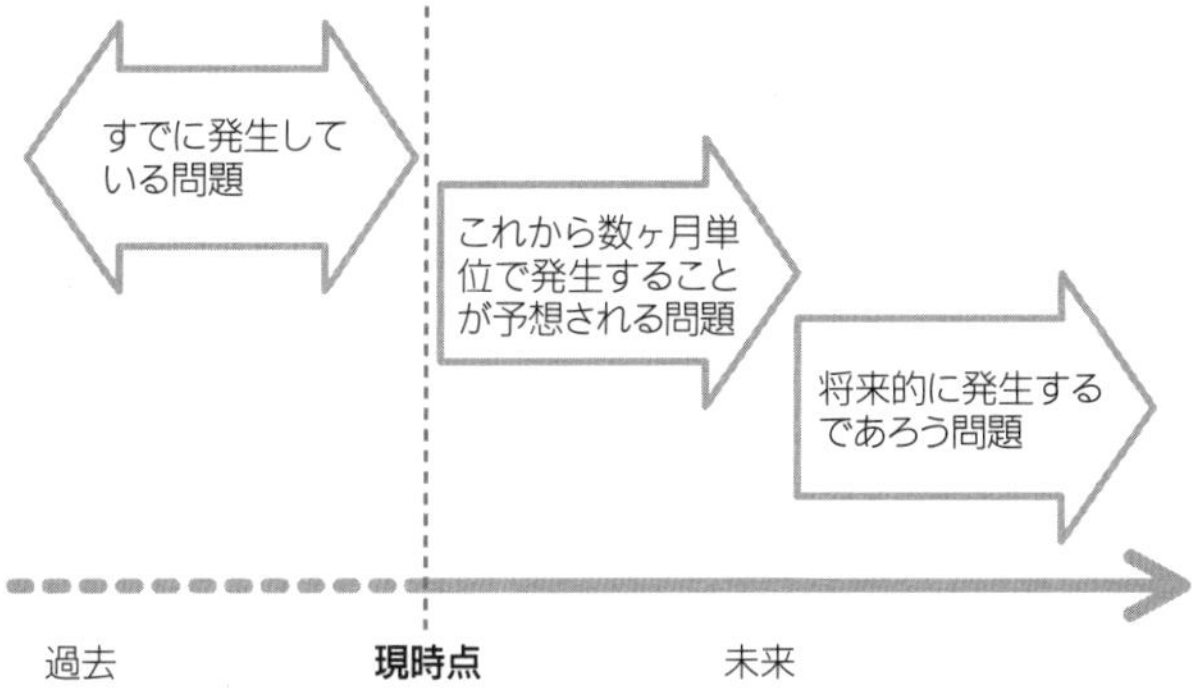

改装オープンする予定だけど、それに対して自店はどのように対応するか等の問題です。

将来的に発生されるだろう問題とは、数年単位で発生する問題で、例えば3年後に近くに大型のショッピングセンターができるのでその対策をとる必要があるという点です。

この中で、店長が取り組むべき問題は、すでに発生している問題、これから数ヶ月単位で発生することが予想される問題です。将来的に発生するであろう問題については、経営者・経営幹部が取り組む問題なので、店長が直接タッチすることはないでしょう。

この章では、問題解決の手法をベースにデキル店長の仕事術を実務に沿って解説していくので読者には店舗現場で実践してください。

2 店舗現場での問題のとらえ方 ～フレームワーク・仮説思考で考える～

店長はたくさんの問題に対してどのように取り組んでいけばよいでしょうか。

まず、店舗で発生している問題は多種多様にあるので、それらをあぶり出して、わかりやすく整理しなければならないでしょう。

整理する際に便利な考え方として、「フレームワーク思考」があります。つまり、本書のキーワードと同じ考えです。

フレームワークとは、枠組み・骨組みのことであることはすでに述べましたが、店舗での問題を整理する際もこの考え方を持って行なうと整理しやすいでしょう。

具体的には、次のようなフレームワークがあるので自店で行なう際の参考にしてください。

店舗運営の機能としてのフレームワークは、「店舗施設」「レイアウト・ゾーニング」「マーチャンダイジング」「販売促進」「接客販売」「スタッフの意識」「販売計画」「在庫管理」「シフト管理」「情報管理」等があります。

マーケティングの4Pのフレームワークは、「Product＝商品」「Price＝価格」「Place＝立地・店舗」「Promotion＝販売促進」があります。

基本戦略の3Cのフレームワークは、「Customer＝顧客」「Competitor＝競合」「Company＝会社」です。

マネジメントサイクルのフレームワークは、前述した「Plan＝計画」「Do＝実行」「See＝検討」があります。

その他、**5W2H**など、機能別にも様々あるので、自店に合ったフレームを設定していきましょう。

次に、問題とは何かを考えてみましょう。

問題とは何かを考える際に、**「目標＝ありたい姿」が明確に定まって**いなければ、漠然とした問題しか取り出すことができないことになってしまいます。

例えば、自店の問題として「プレゼンテーション力が弱い」と設定した場合を考えてみましょう。

ここで、自店のプレゼンテーションについての「目標＝ありたい姿」が定まっていなければ、その時点で、自店はどのくらいのレベルかがはっきりせず、また、どのようにしていけばよいのかも曖昧になってしまいます。そこで、自店のプレゼンテーションについての「目標＝ありたい姿」を「それぞれのお客様に合わせた的確なプレゼンテーションができている状態」とすれば、現状と目標を比較して、その差は何かを明らかにして、その部分を強化していけば目標に近づくことができるのです。

このように、「目標＝ありたい姿」を描いて、目標を達成するための手段・方法を講じていく考え方を**仮説思考**と言います。店長はそれぞれの機能について、常に「目標＝ありたい姿」を描いて問題にあたっていくことが必要です。

3 店舗での問題を解決するためのステップ

店長が店舗現場で行なう問題解決のステップについて考えてみましょう。

次の7項目は、店長がこれから現場で実践する問題解決のためのステップをバラバラに並べたものです。

■どう進めるか

- ■なぜか
- ■何が問題か
- ■望ましい状態は何か
- ■解決策は何か
- ■どうなったか
- ■現状はどうなっているか

ここで、質問です。これらを順序立てて、本来の問題解決のステップに並べ替えてみてください（回答は２１３ページの図）。

今まで、ちょっとややこしい表現で問題について述べてきましたが、問題解決とは、簡単に言ってしまえば、**①重要な問題を探し出して、②その原因を見つけて、③効果的な解決策を考えて、④確実に実行すること**です。

この①〜④の流れをつかんでしまえば、誰でも簡単に問題解決に取り組め、間違いなく確実な成果を出せると言えます。

それでは、それぞれについて整理してみよう。

①重要な問題を探し出すことは、**自店の問題を明確化する**ことです。

店舗運営にあたって現状がどうなっているか、それぞれ具体的に問題を抽出して、その中から最も重要な問題を選定します。例えば「プレゼンテーション力が弱い」とした場合を仮定しましょう。

②その原因を見つけるためには、①で取り上げた問題について、なぜこのようなことが起こっているかという観点で、その**原因をそれぞれ抽出**していきます。そして、真の原因を特定します。例えば、ここでは、プレゼンテーション力が弱い原因をいろいろ探っていくことになります。「お客様との会話ができない」とか「説得のための話法ができていない」など抽出して真の原因を探っていきます。

③効果的な解決策を考えるためには、②で取り上げた真の原因を解決策のテーマとして取り上げ、**具体的な解決方法**を導き出します。

例えば、真の原因が「説得のための話法ができていない」とすると、それに対しての解決策を導き出すことになります。様々な解決策の中から「スタッフ全員に商品知識の強化を図る」というテーマが設定されたとしましょう。

④確実に実行することは、③で取り上げた重要な解決策テーマを取り上げて、**具体的な実**

フレームワークで考えよう

問題解決のステップ

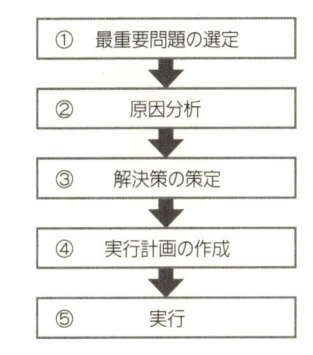

① 最重要問題の選定
↓
② 原因分析
↓
③ 解決策の策定
↓
④ 実行計画の作成
↓
⑤ 実行

211 ページの質問の回答

❶ 望ましい状態は何か
❷ 現状はどうなっているか
❸ 何が問題か
❹ なぜか
❺ 解決策は何か
❻ どう進めるか
❼ どうなったか

行計画をつくって現場レベルで実行して、確実に成果を出していくことです。

例えば、「スタッフ全員に商品知識の強化を図る」ためにどのようにするかの実行計画を「いつまでに、誰が、どのように、どんな方法で」というように5W2Hをベースに具体的な内容に落とし込んで、成果を上げていくことになります。

4 店舗での問題点を抽出するための手法

多くの店長に「あなたの店の問題は何ですか?」と質問すると、「お客様に目配りができていない」「アプローチのタイミングが遅い」「接客時の声が小さい」など、様々な問題をあげます。

ここで、もう少し突っ込んで考えて見ると、これらすべては店で**表面的に起きている「現象」**を指していることがわかります。ここで起きている「現象」というのは、あなたの店にとっては「好ましくない現象」であると言えます。

問題点を抽出するというのは、あなたの店にとって、本当に大きな問題、「真の問題」を探し出すことです。真の問題とは、つまりあなたの店にとっての最重要問題のことです。

本章の2項では、様々な問題の中から、真の問題、すなわち最重要問題は「プレゼンテーション力が弱い」という例を取りあげました。この例で考えてみましょう。

ここでは、あなたの店にとっての**「真の問題」、最重要問題を探し出す**手法を解説します。

ここで、**マトリックス図**を用いて整理していきます。マトリックス図とは、行と列で多くのマスを並べたものです。

まず、あなたの店での具体的な問題（現象）を数多く出します。ここで、あなたの店では多くの問題が出てきますが、問題をあげるにあたっては、先に述べたようにフレームワークを使って行なうと整理しやすく、問題が漏れたり・ダブったりしません。

ここで使うフレームワークは、店舗運営の機能としてのフレームワーク、マーケティングの４Ｐのフレームワーク、基本戦略の３Ｃのフレームワーク、マネジメントサイクルのフレームワーク等がありますが、自店の状況に合わせて決めましょう。

ちなみに筆者は、なるべくシンプルに、ヒト・モノ・カネ・ノウハウをベースに「人に関して」「店舗施設・商品（ＭＤ）に関して」「金（売上・利益）に関して」「ノウハウ・情報に関して」のフレームで行なうことが多いです。

続いて、数多くあげた問題の評価・選定に入ります。ここが店長の力の発揮どころです。

筆者が行なう評価・選定の基準は、出された問題の一つひとつについて、自店にとって重要性が高いか、すぐに取り組む必要があるかの緊急性が高いか、店長の判断で実現することが可能かどうか、すぐに実施できるかどうか、等のそれぞれの基準で評価して、数多くの中か

実践展開事例：マトリックス図

自店の真の問題（最重要問題）
プレゼンテーション力が弱い

真の問題の選定						
問題（現象）	評価基準					
①人　②物　③金　④ノウハウ	それぞれに評価項目を設定				計	優先順位
① スタッフ間のコミュニケーションがない	40	30	16	8	94	4
① 接客時の声が小さい	30	30	20	5	85	6
① お客様に目配りができていない	30	15	10	5	60	9
① アプローチのタイミングが遅い	40	24	16	8	88	5
① プレゼンテーション力が弱い	50	30	10	8	98	1
① 商品知識がない	50	30	10	7	97	2
② 取扱商品がオープン時より変化し、内装等が合わない	50	9	6	3	68	8
② 取引メーカー数が多くなりすぎ、同じような商品が多い	30	30	20	5	85	6
③ 客単価が昨年に比べて落ちている	50	15	14	5	84	7
③ 割引（5%引）やクーポン券や、クレジット等の使用で、販売手数料が増加し、利益を圧迫している	40	9	6	3	58	10
④ セット販売がなかなかできない	50	30	10	5	95	3
④ 固定客管理ができていない	30	9	6	5	50	11
④ ディスプレイ技術が不足している	15	9	6	10	40	12
④ 試着の時、汚したり、やぶったりした時、お客様にどう接するかを悩んでいる	15	9	6	10	40	12

●評価基準は各基準1～10ランクとし、10が最高ランク

●重要問題点は、総合計により優先順位を決定する

ら、自店の真の問題（最重要問題）を抽出します。ここで注意する点は、上位にランクした中から、店の現状を踏まえて真の問題をピックアップすることです。

ある意味、自店の真の問題を的確にとらえることができれば、5割方問題の解決の方向性が見えてきたと言えます。逆に、どうでもいいような問題を真の問題としてしまうと、重箱の隅をつつくように、いくら時間と工数をかけても、はっきり言って無駄なだけと言えます。

真の問題が決定したならば、次の段階の原因分析へと移行していくことになります。

5 重要問題に対する原因のとらえ方

真の問題（最重要問題）が決定したなら、なぜそうなったかの原因を探らなければなりません。

問題が発生した原因は、これまたたくさんあります。原因分析は、Ｗｈｙ（なぜ）を何回も繰り返して、最終的に真の原因をつきとめることになります。

これらを進めていくための考え方に**「ロジカル・シンキング」**という考え方があります。

ロジカル・シンキング（Logical Thinking）とは「論理的な思考」という意味で、簡単に言えば、**物事を筋道立てて考えていく**というものです。

ここではこの考え方を基に、ロジカル・シンキング・ツリーという手法を使って進めていきます。

ツリーとは「樹木」のことで、木には幹があって、枝があって、葉っぱがあるように、物事を細分化していくことです。つまり、原因を探る時に、**様々な要因を因果関係で結ぶ**のです。

ちょっと難しい表現をしましたが、簡単に言えば、ひとつのことばかり見ていないで、大きな視点で物事を見ていって、その核心に迫っていくことで、「森を見てから木を見よう」ということです。

先ほどの例を見てみましょう。

プレゼンテーション力が弱い原因は、「商品説明ができていない」「買う気にさせる説得力がない」「売り込む意欲が不足している」「商品知識が不足している」「商品情報を収集していない」「トレンドを把握していない」「お客様との会話力が不足している」「お客様のニーズがつかめない」「お客様とコミュニケーションがとれない」「成功体験が少なく自信がない」「目標達成意欲が薄い」「売上意識が薄い」等など、いくつもあります。つまり、これらを関連づけながら、最終的に真の原因を探っていくのです。

それでは、原因分析の進め方を見てみましょう。

まず、原因として考えられる要因を数多く出してみます。要因の出し方は、真の問題「プレゼンテーション力が弱い」のは「なぜ？　なぜ？　なぜ？」の観点から出していきます。

そして、それらを整理しながら、ヒト・モノ・カネ・ノウハウをベースに「人に関して」「店舗施設・商品（ＭＤ）に関して」「金（売上・利益）に関して」「ノウハウ・情報に関して」のフレームでくくっていきます。そして、これらの中から大きな視点の要因（森の部分）を抜き出して、これを１次原因とします。

例えば、１次原因では「商品説明ができてない」「買う気にさせる説得力がない」「売り込む意欲が不足している」等を抽出しました。

次に、１次原因が起こったのは、「なぜ？　なぜ？　なぜ？」という観点で探っていき、それらを２次原因とします。１次原因の「商品説明ができてない」のはなぜ？　は、「商品知識が不足している」「商品情報をつかんでいない」「トレンドを把握していない」となります。次の1次原因「買う気にさせる説得力がない」のはなぜ？　は、「お客様のニーズがつかめていない」「お客様のとのコミュニケーションがとれない」「ボキャブラリーが不足している」となり、3つ目の1次原因の「売り込む意欲が不足している」のはなぜ？　は、「成功体験が少なく自信がない」「目標達成意欲が薄い」「売上に関する意識が薄い」となっていくのです。

このようにそれぞれの原因に対して、「なぜ？　なぜ？　なぜ？」と繰り返していくことによって、最終的に真の原因を探っていきます。この評価基準は問題点抽出の評価基準と同様に行ないます。ここでは2次原因の中から選択することになります。

自店の真の問題に対して真の原因をとらえることができれば、8割方問題の解決の方向性が見えてきたと言えます。

仮に、真の原因を「お客様のニーズがつかめていない」とすると、次の段階の解決策の検討へと移行していくことになるのです。

フレームワークで考えよう

原因分析の進め方

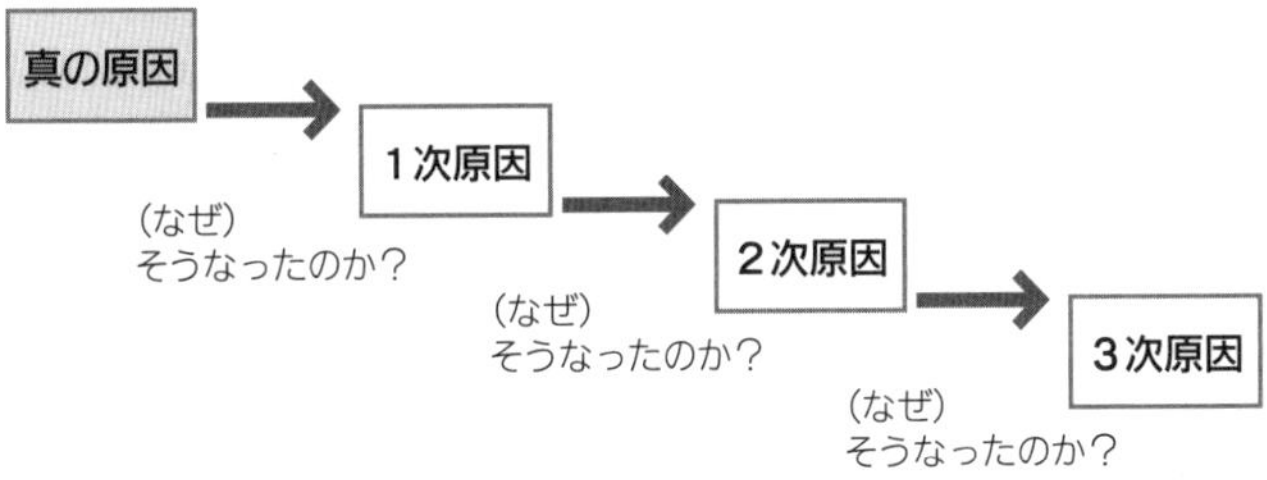
真の原因
1次原因
2次原因
3次原因
(なぜ)
そうなったのか?
(なぜ)
そうなったのか?
(なぜ)
そうなったのか?

実践展開事例

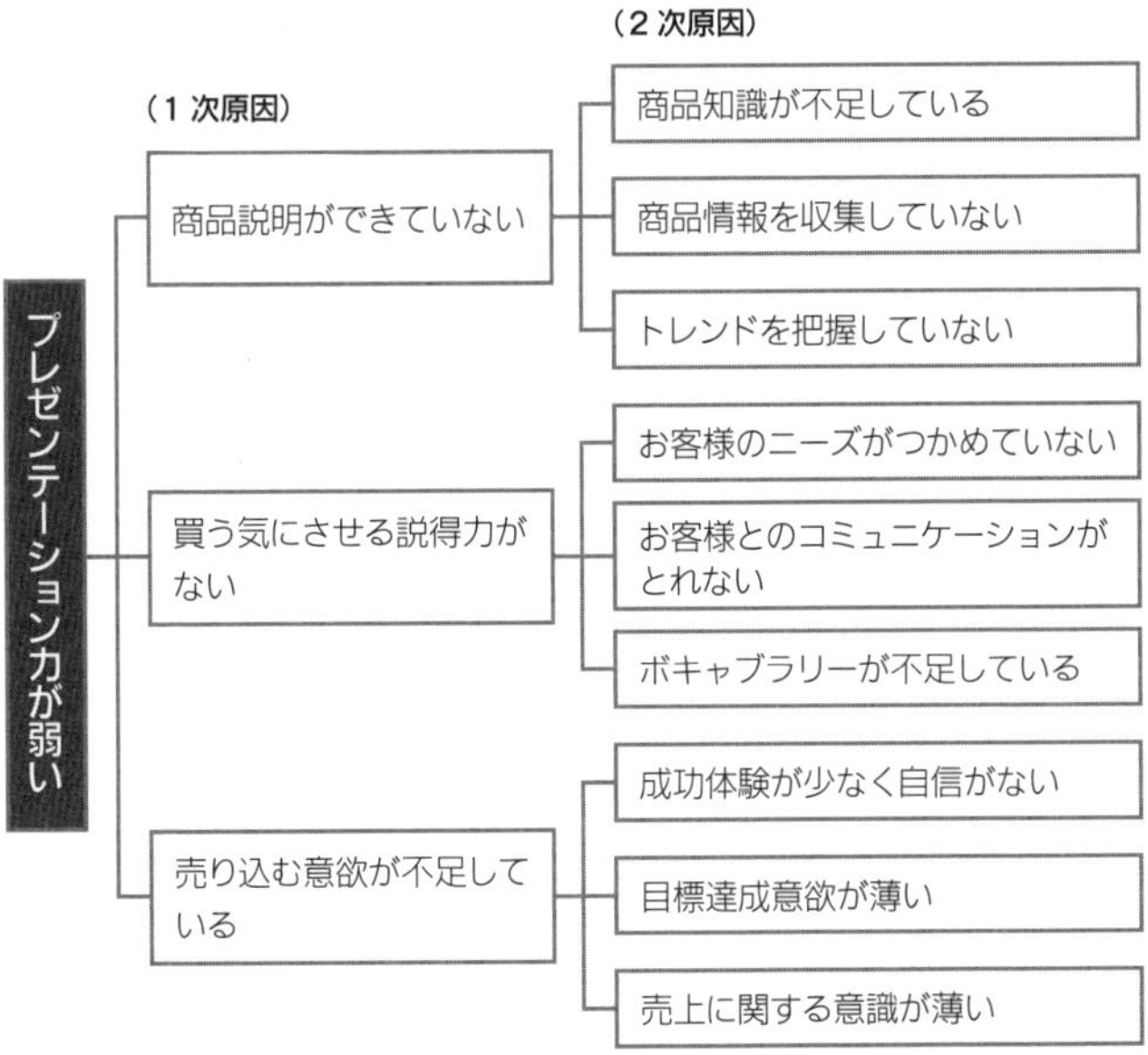
プレゼンテーション力が弱い
(1次原因)
(2次原因)
商品説明ができていない
商品知識が不足している
商品情報を収集していない
トレンドを把握していない
買う気にさせる説得力がない
お客様のニーズがつかめていない
お客様とのコミュニケーションがとれない
ボキャブラリーが不足している
売り込む意欲が不足している
成功体験が少なく自信がない
目標達成意欲が薄い
売上に関する意識が薄い

6 解決策の導き方

真の原因が決定したら、これからどのように解決するかを考えなければなりません。つまり、原因を解決するための、最適な方法を考えるということです。

最適な解決策とはどのように考えればよいのでしょう。単純に言ってしまえば、的をはずれていないか？　その方法が具体的か？　が重要になります。

ある意味、望ましくない現象（原因）を逆手にとって、望ましい姿をつくり出していけばいいのです。

真の原因を解決するための方策もたくさんありますが、解決策の方向付けもロジカル・シンキング・ツリーを使って、Ｈｏｗ（どうする）を何回も繰り返して、最終的に解決の糸口を見つけ出すことです。

それでは、解決策の進め方を先ほどの続きのストーリーで見てみましょう。

真の原因が「お客様のニーズがつかめていない」ことにあるので、その解決テーマはこれをひっくり返して、「お客様のニーズをつかめるようにする」となります。そのために、「どうする？どうする？どうする？」を繰り返していくことです。

まず、解決の方向性として考えられる要因を数多く出してみます。

そして、原因分析と同様に、それらを整理しながら、ヒト・モノ・カネ・ノウハウなどをベースにフレームでくくっていきます。

これらの中から大きな視点の要因（森の部分）を抜き出して、これを1次手段とします。

例えば、1次手段を「カテゴリー別商品知識を強化する」「お客様との会話力を強化する」「お客様の好みを的確に把握する能力をつける」等が抽出されます。ここで、見ていただきたいのは、このケースのフレームは「商品知識に関するもの」「お客様との会話場面」「顧客別の動向把握について」でそれぞれくくっていることです。

次に、それぞれの1次手段を達成するために、「どうする？どうする？どうする？」という観点で考え、それらを2次手段とします。1次手段の「カテゴリー別商品知識を強化する」ことを達成するためには、「売れ筋商品を把握しておく」「商品情報を収集しておく」「トレンド情報を常に把握しておく」となります。次の1次手段「お客様との会話力を強化する」ことを達成するためには、「聴くスキル・質問スキルを強化する」「お客様とのコミュニケーションを積極的にとるようにする」「ボキャブラリーを豊富にする」となります。3

フレームワークで考えよう

解決策の作成の進め方

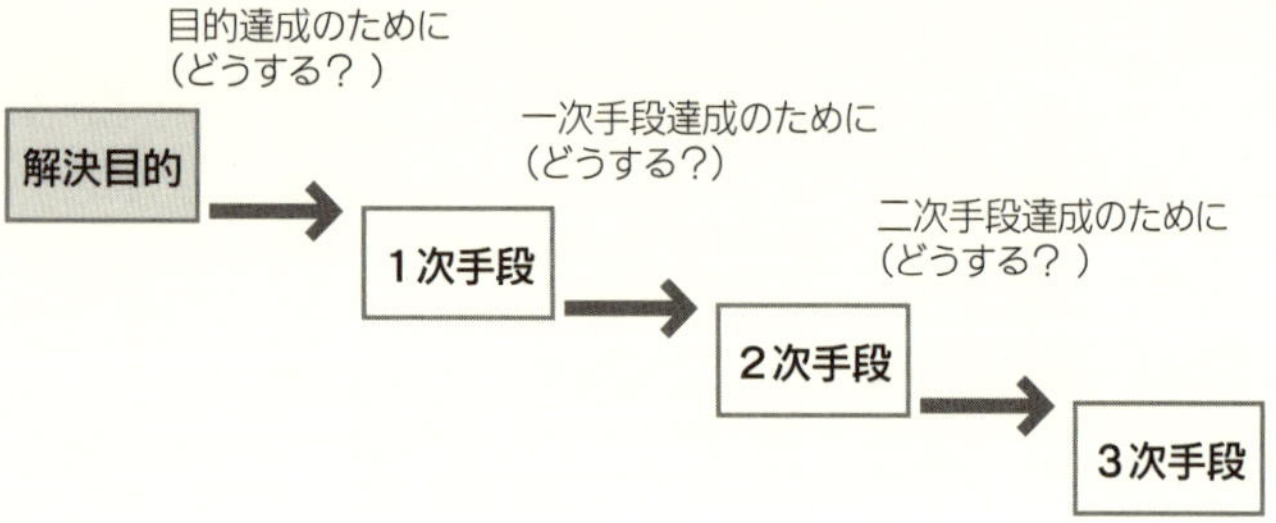

目的達成のために
(どうする？)
解決目的
1次手段
一次手段達成のために
(どうする?)
2次手段
二次手段達成のために
(どうする？)
3次手段

実践展開事例

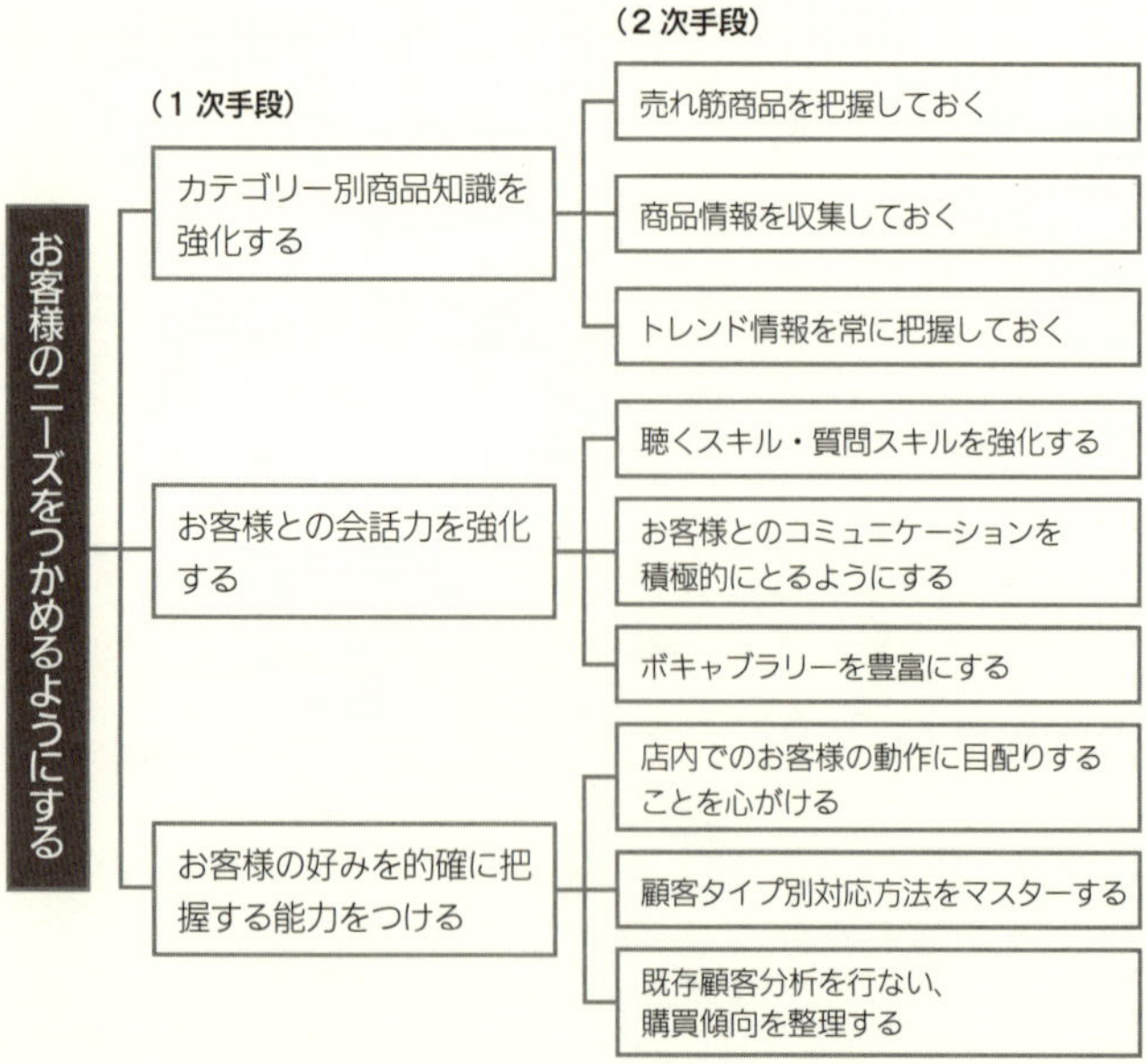

(2 次手段)
(1 次手段)
お客様のニーズをつかめるようにする
カテゴリー別商品知識を強化する
売れ筋商品を把握しておく
商品情報を収集しておく
トレンド情報を常に把握しておく
お客様との会話力を強化する
聴くスキル・質問スキルを強化する
お客様とのコミュニケーションを積極的にとるようにする
ボキャブラリーを豊富にする
お客様の好みを的確に把握する能力をつける
店内でのお客様の動作に目配りすることを心がける
顧客タイプ別対応方法をマスターする
既存顧客分析を行ない、購買傾向を整理する

つ目の1次手段の「お客様の好みを的確に把握する能力をつける」ことを達成するためには、「店内でのお客様の動作に目配りすることを心がける」「顧客タイプ別対応方法をマスターする」「既存顧客分析を行ない、購買傾向を整理する」となるのです。

このようにそれぞれの目的・手段に対して、「どうする？　どうする？　どうする？」と繰り返していくことによって、最終的に解決策を導き出していきます。導き出された解決策の中から、目的に対して効果が高く実行可能性の高い項目に優先順位を設定して、次の実行計画に移行していくものです。

自店の真の問題に対して真の原因をとらえることができ、その解決の方向性を導き出すことができれば、後は実行あるのみです。

7　店舗で実践できる実行計画のつくり方

解決策の方向が導き出され実行計画のテーマが決定したら、これからどのように展開するかを考えなければなりません。

つまり、実行するための、**最適な展開方法**を考えるということです。

最適な方法とはどのように考えればよいでしょう。単純に言ってしまえば、その方法が実行しやすいのか、それを実行した場合の効果は高いのか、が重要になると言えます。

実行計画の立案から実行展開の考え方は、マネジメントの項目で学習した「**Plan・Do・See**」の進め方そのものです。

まず、目標と現状との差（ギャップ）を明らかにして、目標値を明確に定めます。

そして、テーマに沿った具体的な展開計画を作成することになります。具体的な展開計画は５Ｗ２Ｈで表すことになります。それぞれの項目についていつ実施するかを明確にして、

それをスケジュール表の欄にガントチャート（工程線…スケジュール管理のための帯状のグラフ）で表します。設定した項目毎についてガントチャートで詳細にスケジュール化します。

また、担当者を決めて実際に担当させ、どのような方法・ツールは何を使用するかを決めていきます。

それでは、実行計画の進め方を先ほどの続きのストーリーとして見てみましょう。例えば、実行計画のテーマ「顧客タイプ別対応方法をマスターする」については以下のような展開になります。ここでは、4月スタートで9月までの半年間の計画とします。

まず、現在のレベルを明確にして目標値を定めます。スキルを10段階（レベル）評価とした時、現在はレベル5なので、これを半年間でレベル8まで高めることを目標とします。具体的な手順としては、店長・サブが自店の顧客分析を4月スタートの1ヶ月間で実施します。次に5月中に顧客の購買履歴を基に顧客の性格・購買行動を整理します。そして、整理した顧客を例えば、「利益重視タイプ」「理論重視タイプ」「感情論タイプ」「優柔不断タイプ」等の4つのタイプに分類します。

また、合わせて4タイプ別接客対応話法の作成を行ないます。そして、並行してスタッフ各自が自分自身の接客力の棚卸を行ない、タイプ別の対応話法を作成します。結果は店長が確認します。

作成したタイプ別対応話法にしたがって、店内でロールプレイングを実施します。以上を6月末までに終了するようにします。

計画の実施は、7月スタートとして、各スタッフが自分で決めたテーマ・目標にしたがっ

て実施していきます（例えば、Aさんは1日5人に接客した結果を展開ノートに記入する
↓1ヶ月20日勤務として100例を作成することになる）。

Do 実施段階として、1ヶ月間のランニングを行ない、その結果を店長・サブが検証します。

そして、See 検証結果を基に店長・サブが各スタッフと話し合いを持って修正させて、8月から9月にかけて再度実施させます。

最終の9月末に、各スタッフに3ヶ月間の結果を分析・集計させます。

このデータを基に店長・サブが各スタッフと最終の結果を確認します。ここで成果についての良否の判断と次の展開計画に移行していくものとします。

実行計画は、店舗現場で店を活性化し、「よく売る店づくり」を実現するためのものだということをスタッフ全員が認識して取り組まなければなりません。

また、企業で目標管理を導入している場合には、これと連動していくことも可能です。

実行計画の進め方：実践展開事例

テーマ	目　標	具体的手順（5W2H）	4月	5月	6月	7月	8月	9月	備考
顧客タイプ別対応方法をマスターする	現在のスキルは10段階評価ではレベル5なので、これを半年間でレベル8まで高める	① 自店の顧客分析の実施（100 サンプル）：4月中（担当：店長・サブ）	→						
		② 顧客の購買履歴を基に性格・購買行動を整理する：5月中（担当：店長・サブ）		→					
		③ 顧客タイプを4タイプに分けて分類する：5月中（担当：スタッフ全員）		→					
		④ タイプ別接客対応話法の作成：5月中（担当：店長・サブ）		→					
		⑤ スタッフ5名の接客力の棚卸：6月中（担当：スタッフ全員）			→				
		⑥ スタッフ別対応計画の作成：6月中（担当：スタッフ全員）			→				
		⑦ タイプに応じた店内教育の実施（ロールプレイングの実施）：6月中（担当：スタッフ全員）			→				
		⑧ 店内で実施：7月中（担当：スタッフ全員）				→			
		⑨ 実施結果に基づきタイプ別接客対応の修正：7月中（担当：店長・サブ）				→			
		⑩ 再度実施：8月中					→		
		⑪ 半期での成果検証：9 月末（担当：店長・サブ）						●	

エピローグ

専門店本部が進める店長とのコミュニケーション

1 店長と本部幹部のコミュニケーションが繁盛につながる

今までは、店長自身が実施する「よく売る店づくり」について述べてきましたが、最後にそれらを実行するために本部幹部がどのように店長をサポートしていけばよいかについて述べます。

何度も書きましたが、店長は店舗現場では孤独なことが多いので、店長のモチベーションを上げて店を元気にし、売上を上げるためには、本部幹部は店長と常に円滑なコミュニケーションをとることが必要です。

本部幹部が店長と円滑なコミュニケーションに取り組むための必要な姿勢は、6章のスタッフ育成の中でも述べたのと同様で、**店長の話を熱心に〝聴く〟こと**です。現場でよくある光景は、本部幹部が店に来ると、自分の言いたいことや会社の方針を一方的に話して、ほとんど店長の話を聞かない人が多くいます。これでは、店長はますますストレスがたまってしまうのは目に見えています。このようなことが頻繁になると、本部幹部が店に来ることを拒絶する店長も出てきてしまいます。

このようなことを起こさないためには、とにかく店長の話を「聴いて・聴いて・聴いて」あげることです。

それでは、改めて熱心に「聴く」とはどのようなものかについて考えてみましょう。

まず、**店長の立場を理解する姿勢**を持つことです。

そのために、店長とのコミュニケーションの際は同じ立場になって一緒に考えます。これは、何か問題を抱え、悩んでいる時に必要な姿勢です。店長から情報収集をしながら、店長と同じ目線で聴くことによって、店長の心が開き、本部幹部との信頼関係が生まれ、円滑なコミュニケーションの機会が得られることになります。

次に**店長の考えに共感する姿勢**を持つことです。

店長それぞれは独自の世界観を形成して独自の考え方を持っています。このように、店長は独立の存在なので、ひとつの事象をとっても店長個々によっていろいろなとらえ方をしています。よって、本部幹部はその店長の持っている考え方、言葉をそのまま感じとることが必要です。

続いて、**真摯な（一緒に頑張る）姿勢**を持つことです。

店長の力になりたい、良好な人間関係を築きたいという前向きな姿勢を持つことが必要で、本部幹部は店長自身の力を信じて、常にサポートする姿勢を見せましょう。

店長の話を聴く際の、積極的な傾聴の姿勢とは、**話3割・聴き7割**の原則であることを理解しましょう。

店長と会話する際の割合は、本部幹部の話は3割で、店長からの話を聴くことを7割の目安とします。とにかく聴きに徹して一所懸命、熱心に聴くことが重要です。

専門店本部は店に対してほったらかしの傾向（筆者の現場での経験による）が強く、店長は孤独な存在で相談相手はほとんどおらず、自分の考えを話す場が限られているので、とにかく聴いてあげることが必要なのです。

これによって本部幹部への信頼感は高まり、聴くことによって円滑な人間関係が構築されるといっても過言ではありません。

店長との効果的なコミュニケーションのとり方・聴き方のポイントは以下の通りです。本部幹部の方々は参考にしてください。

①事前にしっかりした目的を持ってコミュニケーションを行なう

②店長の性格、考え方、趣味、立場などを把握しておく
③基本はフェイス・トゥ・フェイスで話し合う
④話し合いの場の雰囲気をつくる（リラックスした場づくりが必要）
⑤店長に理解できるわかりやすい言葉で会話を進める（難しい言葉は多用しない）
⑥ダラダラと話さず、簡単明瞭に、要点を逃がさないように話す
⑦店長が興味をひくような話題を展開し、相手の態度を刺激する
⑧店長の反応・理解を確かめながら会話を進める
⑨話の展開で結論を焦らない
⑩店長に十分意見を述べさせること（話3割・聴き7割の原則）

店舗の運営は店長ひとりが一所懸命やっても限界があります。組織全体が一丸となって一体感を持って取り組むことにより、よく売る店づくりが実現されます。

店長が店でいきいきと活動できる仕組みづくりを、経営者・経営幹部の方々が積極的に取り組むことを期待しております。

おわりに

本書の執筆にあたり、弊社オフィスのデスクで企画構想を考えている時に、東日本大震災が起きました。その日は、自宅までの交通機関がストップしてしまったので徒歩で帰宅することになりました。

あの時のことは鮮明に覚えています。その日以来、日常の生活がどれほどありがたいことか、全国民があらためて感じたことだと思います。日常の生活をするうえで、特に流通業の存在を身近に感じ、自分でお金を払って買い物をして、食べて、飲むという、今まで当たり前と思われていたことの大切さも痛切に感じたことでしょう。

本書を書き進めながら、店とお客様の関係のあり方もあらためて考えさせられました。お客様は、単に商品というモノだけを買いに来ているのではなく、買い物という行為・行動のすべてを楽しんでいると感じます。つまり、お客様は自分の五感（見る、聞く、嗅ぐ、味わう、触れる）のすべてを使って買い物を楽しんでいるということです。その中で、店との絆、店長・スタッフとの絆が生まれてきて、良好な関係が築けることとなります。

そのためには店舗スタッフの明るく、元気な笑顔での対応が求められます。これを実現するため店長は日々店の運営に取り組まなければなりません。

本書は、〝よく売る店づくり・元気な店づくり〟を実現するために店長に求められる能力要件を現場に即して、わかりやすく解説しました。

本書を読んで、店長が自信を持って現場で実践して、〝よく売る店づくり・元気な店づくり〟を実現していただけることを願っております。

蒲　康裕

著者略歴

蒲 康裕（かま やすひろ）

株式会社ケイ・エス・コンサルティング　代表取締役
中小企業診断士　宅地建物取引主任者
1956年東京都生まれ。1981年より総合コンサルタント会社にて営業企画から事業開発プランナーを経験。経営コンサルタントとして、民間企業および官公庁・団体に対してコンサルティング業務を行なう。2005年、株式会社ケイ・エス・コンサルティング設立。主な専門業務は、事業戦略、マーケティング戦略の立案から推進指導。新規事業の基本プランの策定。また、プランの推進から資金調達のための公的資金補助金申請、金融機関との折衝業務、事後指導まで行なっている。さらに、ショッピングセンターの活性化計画の立案ならびに運営管理者研修、専門店の活性化コンサルティングにも従事。

連絡先　株式会社ケイ・エス・コンサルティング
〒132-0031
東京都江戸川区松島4-27-7 KSオフィス
TEL：03-5879-9340　FAX：03-5879-9341
ホームページ：http://www.ks-consulting.co.jp

よく売る店は「店長力」で決まる!

平成23年11月2日　初版発行
平成29年12月14日　4刷発行

著　者 —— 蒲　康裕

発行者 —— 中島治久

発行所 —— 同文舘出版株式会社
東京都千代田区神田神保町1-41　〒101-0051
電話　営業03（3294）1801　編集03（3294）1802
振替00100-8-42935　http://www.dobunkan.co.jp

ISBN978-4-495-59561-6
印刷／製本：萩原印刷
Printed in Japan 2011